jamie's italy
來吃義大利

jamie's italy

來吃義大利

傑米奧利佛的美食出走

傑米 · 奧利佛 Jamie Oliver 著

大衛 · 羅福特斯 David Loftus、克里斯 · 泰瑞 Chris Terry 攝影

suncolor
三采文化

謹將此書獻給幾位了不起的人，
是他們促成我與義大利墜入愛河：

傑納羅・康塔多（Gennaro Contaldo），蘿絲・葛蕾（Rose Gray），

茹絲・羅傑斯（Ruth Rogers），大衛・葛立夫（David Gleave），

西奧・藍戴爾（Theo Randall），

派翠西亞・米契森（Patricia Michelson）和

伊麗莎白・大衛（Elizabeth David）。

Contents

目錄

Ciao! 一切可好？

　　從青少年時代開始，我就已經徹底沈浸在對食物、家庭與人生的一股熱情與衝勁之中，而幾乎所有義大利人也都是如此，不管他們來自何處，是貧是富。這就是我的熱情所在——無論如何都要把好食物讓所有人享用。許多義大利人從來不說他們來自義大利，反而說是威尼斯、西西里或那不勒斯，這就是重點——他們的地域性差異讓人非常興奮。然而在周遊義大利的旅途中我也學到一點，那就是從烹飪的角度看來，地域性這個詞只是冰山一角。他們的範圍比這還小。應該有人替這種現象發明例如「村莊性」之類的字眼，因為這些傢伙會辯稱他們自己的村莊是以最完美的方式煮出某一樣食物，然後根本瞧不起另一個村莊的作法！我見識到唯一在人們身上流露出這種情緒的另一件事情是足球。這種熱情正反映在他們的食物上。他們會無盡地爭辯什麼是最好的燉菜、皺摺麵、橄欖油或海鮮是哪個地方來的。如果你曾經見過這種面紅耳赤的意見交流，你就知道他們並不是愛吵架，只不過是各持己見罷了！我喜歡他們認為自己家鄉的烹調法才是最好的那種態度，還有他們對於本地農產品的極度自豪，以及對食物的高談闊論。即使我會說的義大利文沒幾句，但是我從來都不覺得聊起食物和食譜有什麼難——這是全世界共通的話題！

不過我最喜歡義大利人的一點在於，雖然擁有世界頂尖的服裝設計師和車款，他們卻有辦法保有獨特的傳統觀念和村落精神。到現在你還能在義大利各地的村莊看見人們用乳酪來交換醃製蔬菜，或拿當地老先生的格拉巴白蘭地來交換同樣嗆辣的芥末醃水果。此外，大至大城鎮中心的廣場，小至人口最稀少、最小的聚落，每週、每月、每年在義大利的每個角落都會舉辦慶祝食物的傳統活動與節慶，這點也讓我覺得很不可思議。

拜加里波底之賜，義大利從二十七個不同的國家，真正成為一個統一的國家，這不過是一百五十年前的事。這也就是他們的生活型態、烹飪方式、傳統和方言如此多樣性的緣故。這也是為什麼身為主廚的我，覺得這個國家這麼不得了地讓人興奮的緣故。我是說，你到底能用多少種方法把一些麵粉、水和雞蛋，做成不同形狀的義大利麵？了不起！而且你知道嗎？我應該生來是個義大利人——上天啊，為什麼！為什麼讓我生在英國東海岸的濱海索森德？當然啦，我對我的故鄉沒有不敬之意！

說老實話，當我在義大利時，即使是用我對義大利文的粗淺理解勉強與人溝通，我卻覺得自己是個義大利人；你知道為什麼嗎？因為和所有義大利人一樣，不管在什麼情況下我都深愛我的家人，也因為食物是陪著我長大的東西。如果你在菜市場問水果販你能否嚐一顆他漂亮的葡萄，他會立刻認為你是對食物很在意的人，因此特別尊重你。在托斯卡尼某個小村莊的蔬菜攤上，有個一頭亂髮的老傢伙賣菜給我，我告訴他我要煮菜給摘葡萄工人吃，他馬上質疑我，他說現在摘葡萄還嫌早得很，因為「山吉歐維西葡萄還沒成熟」。我那些朋友才剛採收完一批比較稀有、已經成熟的梅洛葡萄——問題是在你去過的國家中，有多少能像這樣，當地菜市場攤販的老闆能對本地

農產品有如此細膩的知識？真驚人！還有一次我在義大利南部的普利亞省替一個義大利家庭煮慶生餐會的餐點，我用我彆腳的義大利文問那家人六歲大的女兒，她喜歡吃什麼肉——嗯，首先因為我的發音像是「cane」（義大利文：狗）而不是說「carne」肉，我們一開始關係不太好，因為她以為我問她我該怎麼煮她的狗！不過在這場誤會之後她說她想吃牛肉。我轉身離開時她在後面喊我，問我要煮的是那個部位。然後她指定她要吃肋眼牛排（類似丁骨牛排），她覺得這塊肉是牛身上最美味的部位。接著，使我大為震驚的是，她告知我烤牛排上可以用迷迭香，但也只能用迷迭香，因為這才是普利亞牛肉的作法！迷迭香只能夠用在烤雞和烤牛肉上。沒得商量。這番話從年紀這麼小的孩子口中說出來，實在讓我大吃一驚。

當我在巴里時，這地方也在普利亞，我遇到另一位小女孩，她做貓耳麵、義大利餛飩和螺旋麵的速度和準確度，勝過我這輩子所見過的每一位主廚！我愛上了這位七歲大的小女孩，不只因為她貌美又可愛，而且她還是個做義大利麵的天才，她教我如何製作幾樣我從來沒有以手工製作過的義大利麵。她坐在我旁邊，而她高齡八十八歲的曾祖母坐在我的另一邊——從四歲開始到現在，這位老太太在她生命中的每一天都在做義大利麵。

寫這本書時，我想給你的不只是一堆義大利菜的食譜，我同時也想和你分享一些美好的經驗。因此我邊在這國家四處旅行邊寫作，在疲憊的路途上工作、吃東西和跟人見面。我想要找出「真正的」義大利食物——這個義大利不是讓你腦海中浮現出橄欖樹和檸檬的地方——同時歌頌我沿路遇到的人所得到的食譜，這些人從漁夫到一般家庭烘焙者，乃至於住滿整條街的義大利媽媽，她們替所有參加在市鎮廣場上舉行本

地義大利麵比賽的人，製作新鮮義大利麵。我想親身體驗義大利的精神，正是這種精神讓烹調與飲食成為家庭生活裡絕對的重心，不管你置身於這個國家的任何地方。

我想要你去親身體驗。我要你走過西西里島首府巴勒摩貼著足球比賽海報的一面牆邊會暗自竊笑，因為你在這本書裡已經看過這面牆。我要你去普利亞省巴里市找那位做玉米餅的老太太，或是去拜訪在托斯卡尼經營佩托羅莊園的那些可愛的人們，或者是位於義大利中部的馬爾凱行政區由家族經營的「洞穴精靈」農莊。我要你去見一見托斯卡尼奇揚提行政區龐札諾的肉販達里歐，和他握個手。告訴他你是我朋友，然後問問他你是否能嚐一塊他的奇揚提生牛肉。我要你去羅馬的菜市場跟一個痀僂的怪老頭子買十二個朝鮮薊，他挑選、處理和削皮的速度之快，連全世界備受推崇的米其林餐廳主廚相形之下都成了外行人。然後我要你回家煮兩道朝鮮薊的菜餚。我不想搞得太專門，不過當你開始在不同場合與可愛的人們享用美食，意味深長的浮光掠影將會使你永生難忘。總之這就是我的經歷！

此番我踏上義大利之旅的原因之一是去學習，但我也想試著體會何以這國家能保有它了不起的飲食文化。我有我自己的見解——我想部分原因是，它具有生產美味食物的絕佳氣候和資源；同時飲食也紮根於傳統和家庭價值觀念，而且我認為，和其他舉行節慶或聚會的理由一樣，宗教與天主教會也以某種面貌與形式對飲食文化產生影響力。但我認為主要的理由是來自於缺乏選擇。尤其是在鄉下，勞工階級絕對沒有和世界上許多其他地區擁有一樣的選擇。

　　在義大利我親眼見到許多年輕人與青少年過著我們在七十年前的英國見到的「現代生活」——沒錯，他們有手機和電腦，但他們不會把這些東西看成是生活必需品，擁有的人數也沒有像英國那麼多。而且義大利的勞工階級人數相當龐大，有錢人的比例很少。

　　因此我認為義大利有辦法保持許多很棒的事情，是因為他們的選擇有限。我真的深信這一點。而且在我看來這種情形下，醞釀出義大利人非常深切的情感，因為有時候當你有太多選擇時，你會看不見真正重要的事物——你的家庭、你的孩子和你的健康。義大利人僅次於日本和冰島，是世界上居民平均壽命第三高的國家，由這點你可以知道他們飲食習慣沒什麼大毛病，即使他們沒有選擇！是的，他們的確吃很多飽和脂肪和橄欖油，他們也會在木炭和木頭上煮東西（這樣可能會致癌），但是他們的飲食均衡——許多水果、魚和肉——而且他們不停地活動。

　　一直到老都還在從事體力勞動，例如採橄欖，在義大利是很常見的情形。到現在托斯卡尼有些最頂級的橄欖油生產者付給工人的酬勞還是橄欖油而非金錢。每年有四

到六週是採收橄欖的時期，許多家庭奉獻時間來從事這辛勤的勞力工作。優秀的橄欖採收者一天可以採收九十到一百公斤，而採收者每天的工作可以收到大約五到六公升的油，視橄欖可以榨出多少油而定（當然這取決於每年的氣候狀況）。你能否想像有哪個從英國來的傢伙會為了橄欖油做這麼多勞力工作？容我提醒你，工人喜歡這份工作，因為政府課不到他們稅，他們也因此得到供家人一整年所需的橄欖油。

現在去義大利已經是相當的容易和便宜，這表示現在有更多人能去那裡。我的最佳忠告是避開熱門景點，深入真正的義大利，在那裡醇酒美食的花費不高。如果到旅遊景點去，你可能會被敲竹槓。如果你說幾句基本的義大利文，臉上掛著微笑，抱持對食物的熱情，眼睛閃閃發光，我可以保證義大利人會好好招待你。

除非你為了要做日光浴和在海裡游泳，而去例如那不勒斯近郊的阿瑪非海岸那種地方，否則你最好租一輛車，從一個農莊開到另一個農莊。只要研究幾小時旅遊指南，就能規劃出很棒的路線。作為一名身處義大利的外國人，以及一個喜好食物的人，有件事你必須放在心上，那就是義大利人有時候不太能夠抱持開放的態度。即使義大利是世界上我最喜歡的國家之一（有一天我希望能住在那裡），然而義大利人過於頑固、不願嘗試某道菜或香料的不同組合，只因為那不是他們村莊或地區的菜，或者不是他們義大利媽媽的作法，這點有時候卻讓我倍感挫折。我只是覺得人生苦短，不應該不去試試新東西，不管你自己的作法有多好，你不可能永遠是對的。因此當你到義大利旅行時，我的建議是敞開心胸，這份體驗就會使你大開眼界。別想太多，趕快去那裡好好地玩吧！

mon

Alimento Solido

OCIETÀ DEL PLASMON
MILANO

antipasti
前菜

前菜

在義大利各地用餐時都供應前菜，只不過各省之間前菜的種類完全不同。在北方你會吃到各色各樣的燻肉，像是不同形狀和大小的風乾牛肉、義式燻火腿、帕馬火腿和薩拉米臘腸，然而在南方你比較可能吃到醃漬章魚、沙丁魚或生鯷魚。前菜和義大利麵以及麵包一樣，在義大利都是很能夠用來辨別地域性的指標。一般來說前菜都是在室溫下食用。在正式餐廳和小餐館裡，侍者會先送上飲料，接著先是幾顆橄欖，然後或許再來幾片肉。一般大廚應該要能井井有條，讓所有餐點同時上桌，但在義大利你可以不慌不忙慢慢來，而且通常一小碗一小碟的前菜會像一陣風似地被送上桌。

比起其他義大利菜單上的菜，前菜隨著季節而改變菜色的情形更為普遍。就拿蠶豆來說。它可能是用水煮過，然後淋一點油和檸檬汁當做醬汁，或者用一點佩柯里諾乾酪、薄荷、檸檬汁和好的油一起搗成泥。我看過他們把蠶豆連著豆莢和一塊佩柯里諾乾酪一起放在盤子裡端上桌，或是把水煮過的豆子搗爛後攪拌成糊狀，當作炸什錦拼盤裡的一樣菜。或者可以把豆子和吃剩的義大利飯拌在一起炸來吃。只要味道好，而且適合在該季節吃，就能當作前菜。

我在許多地方吃過美味無比的前菜，這些裝在碗和大盤裡的菜是放在很廉價的舊式手推車上，在房裡到處轉，然後再把前菜分到你桌上的小盤子裡。甚至前菜就放在餐廳角落裡放餐具的地方！我要說的是，你大可在廚房一角放幾盤前菜，等朋友來家裡坐下以後，把前菜端到桌上就行了。記住：真正的廚師只選用本地、當季、新鮮的農產品。

你得想想該如何搭配菜色。如果你要上六樣或更多前菜，很重要的一點是你必須準備例如醃菜搭配新鮮的蔬菜，或一些泥狀的菜搭配塊狀和口感較硬的東西。如果大部分前菜都是冷的或和室溫一樣，那麼一盤熱騰騰、口感又脆的前菜會讓你胃口大開。對我而言，這就是前菜迷人的一點。

每一樣前菜都應該有各自的獨特風味。我會避免用同一種東西替所有前菜調味——不管是巴薩米克醋、紅酒醋，或者是檸檬汁或某種香草。某樣菜用以上其中一種味道是好的，但不要用同一種方式替所有前菜調味或只用一種醬汁。把每盤菜想成是不同的體驗，如果你做得到，你就能和其他人一樣，做出明智的前菜選擇。

　　　　　右圖：卡皮塔諾‧維特里歐——他是馬爾凱的麥卡帖羅市一位很棒的農夫。

本章收錄我最喜愛的幾樣前菜。以下幾本書裡也有美味前菜：羅司・格雷（Rose Gray）和茹絲・羅傑斯（Ruth Rogers）的《河岸餐廳食譜》（River Café Cookbook），傑納洛・康塔多（Gennaro Contaldo）的《熱情》（Passione），愛麗斯・華特（Alice Water）的《班尼斯餐廳食譜》（Chez Panisse Café Cookbook），和瑪且拉・哈桑（Marcella Hazan）的《經典義大利烹飪》（Classic Italian Cooking）。

bruschette
義式烤麵包

　　義式烤麵包是一種外餡單片的三明治，乳酪烤吐司的點子可能就是源自於此。它通常是從一條很大的天然酵母酸麵包切下來的麵包片做成，這種麵包是深灰色，水分含量比一般麵團高。而且它的皮很厚，正因如此，濕氣可以留在麵包裡，這表示買來之後還可以吃上一禮拜。到農夫市集或好的超市去找找看，應該找得到。如果找不到，品質好的鄉村口味圓麵包做出來的結果也不錯。

　　麵包最好的切法是切成一公分厚，放在烤肉架上烤，不過為了方便起見也可以放在家裡的波浪狀烤盤上烤。烤好之後要用一瓣切開的大蒜在上面輕輕抹幾下，然後滴幾滴上等初榨橄欖油，再撒上鹽和黑胡椒。麵包上的餡料隨各人喜好，可樸素也可豪華，從香草末或番茄碎末佐羅勒，到醃漬蔬菜或美味乳酪，或者可口的蟹肉碎片皆可。唯一的規定是，不管烤麵包上放的是什麼料，都應該又好又新鮮，而且必須仔細烹調。次頁是我最喜歡放的餡料，足夠用在4到6片麵包上。

原味義式烤麵包

　　如果你有一條大麵包，請切成兩半，然後橫切成大約1公分／1/2英吋厚。把麵包放在烤肉架上烤至呈焦黑條紋，或在波浪狀烤盤上烤至兩面酥脆，然後用一瓣切開的大蒜在每一片麵包上抹幾下。滴幾滴上等初榨橄欖油，撒一小撮鹽。你可以就這樣吃，不過你用的油必須要是你能買到品質最好的，否則這種烤麵包絕對不會好吃。

茄子與薄荷

2條結實的茄子，最好是圓形紫色的義大利茄子，
縱切成3公釐／約1/8英吋薄片
初榨橄欖油
白酒醋或香草醋

2根新鮮扁葉荷蘭芹，摘下葉子並切碎
1小把新鮮薄荷，摘下葉子並切碎
1瓣大蒜，剝皮後切薄片
海鹽與現磨黑胡椒

　　加熱波浪狀烤盤。把茄子條並排放在烤盤上，等茄子兩面都烤成焦黑條紋後，放入碗裡。你可能要把茄子分成幾批來烤。在烤茄子的同時，把8湯匙橄欖油和3湯匙醋以及荷蘭芹、薄荷和大蒜放進另一個碗裡，用鹽和黑胡椒調味。等茄子都烤好後，就加入調味料裡拌勻，再次試試味道後分批放在烤麵包上。把餡料往下壓在烤麵包上，如此麵包才會吸收所有美味！

嫩朝鮮薊

8顆嫩朝鮮薊（處理方式見152頁）
4瓣大蒜
1顆檸檬的汁

初榨橄欖油
1把新鮮薄荷，摘下葉子
海鹽與現磨黑胡椒

　　把朝鮮薊處理好，對半切開後，就放進鍋子鍋子裡，用水剛好蓋過。加入大蒜，擠點檸檬汁，煮到莖變軟為止。用濾盆把水瀝乾，然後把朝鮮薊和大蒜放回空鍋子裡，加入2到3湯匙橄欖油，炒約4分鐘，讓朝鮮薊略為變色。等到朝鮮薊略呈金黃色後就離火，擠點檸檬汁，加入薄荷並仔細調味。把4個半顆朝鮮薊從鍋子裡拿起來放在一旁，然後把鍋子裡剩下的壓爛，用叉子把大蒜從皮裡擠出來（把皮丟掉）。把朝鮮薊泥抹在原味烤麵包上，再把留下來的對切朝鮮薊撕成片放在每片麵包上。PS 加上一把現磨的帕馬森乾酪在朝鮮薊泥上也很不錯。

烤蔬菜

1/2球茴香，摘去外層老的葉子

1/2顆黃椒，去籽

1顆紅椒，切半後去籽

1/2條櫛瓜，縱切後去籽

1茶匙乾奧勒岡

1把新鮮薄荷，摘下葉子後切碎

橄欖油

海鹽與現磨黑胡椒

1/2顆檸檬的汁

香草醋

　　將烤箱預熱至攝氏220度／華氏425度／瓦斯爐刻度7。把茴香和甜紅、黃椒切成2.5公分／1英吋大小的塊狀，櫛瓜切片。把蔬菜和奧勒岡、薄荷和少許橄欖油拌勻，以鹽和黑胡椒調味，然後放在烤盤上，在預熱的烤箱中烤大約半小時，烤至蔬菜呈美麗的金黃色。從烤箱中取出後放涼，然後剁成末或放入食物處理機裡絞碎，讓蔬菜看起來像是可以抹開的莎莎醬。再次調味，然後再加幾滴橄欖油、少許檸檬汁和香草醋提味。最後把蔬菜泥抹在原味烤麵包上。

番茄與羅勒

2把各種成熟番茄

1小把新鮮羅勒，摘下葉子

海鹽與現磨黑胡椒

橄欖油

上等白酒醋或香草醋

　　做這種料的番茄一定要是熟透的。把番茄洗乾淨，挖去心，小心把籽擠出來。把番茄放到碗裡，撕下羅勒葉放入，用鹽和黑胡椒調味，然後和少許橄欖油和大量的醋拌在一起，依你的喜好取得味道的平衡。你可以用切成大塊或剁成小丁的番茄，或者你也可以把番茄在放到烤麵包之前用手指頭捏碎──十足美味。

caponata
超美味西西里燉茄子

四人份

　　這是一道義大利南部的美味菜餚，可以當成熱的蔬菜配菜或者冷的前菜來吃。西西里人很自豪這道菜是用他們島上的農產品煮出來的。所有煮這道菜的不同方法其實都大同小異——讓它吃起來與眾不同的因素是茄子、番茄和醋的品質。務必設法買到結實、少籽的好茄子，到你本地的市場看看能否找到不同顏色的茄子。你甚至可以請賣蔬菜的小伙子把茄子切開讓你檢查。別試著把茄子切得太小塊，因為茄子會因為吸太多油而變得太重。這麼一來你就無法品味它絕佳的甘甜滋味和滑嫩口感。我吃過像是在橄欖油裡游泳的燉茄子，但我更愛吃我自己煮的少油茄子。

橄欖油
2大條上好的紫色茄子，切大塊
1尖茶匙乾奧勒岡
海鹽和現磨黑胡椒
1小顆紅洋蔥，剝皮後切碎
2瓣大蒜，剝皮後切薄片

1小束扁葉荷蘭芹，摘下葉子，將莖切碎
2湯匙鹹味酸豆，沖水、浸泡後將水濾乾
2把綠橄欖，去核
2-3湯匙上等香草醋
5大顆熟番茄，略切
依個人喜好加入：2湯匙切成薄片且稍微烤過的杏仁

　　拿一個大平底鍋，倒入少量橄欖油，開火。在鍋中放入茄子塊和奧勒岡，用一點鹽調味，翻炒一下，讓茄子均勻沾上油。用大火煮4到5分鐘，不時搖晃鍋子（你可能需要分批炒茄子，依平底鍋大小而定）。等茄子兩面都煮熟變成金黃色時，加入洋蔥、大蒜和扁葉荷蘭芹的莖，再繼續煮幾分鐘。如果你覺得太乾，就在鍋子裡加點油。接著把濾乾的酸豆丟進去，再加入橄欖，滴入香草醋。等所有醋都揮發完全之後，加入番茄，用小火煮大約15分鐘或煮軟為止。上桌前試試味道，看你是否需要用鹽、胡椒和醋調味。滴一些上等橄欖油，喜歡的話撒入切碎的扁葉荷蘭芹和杏仁再上桌。

verdure verdi condite alla perfezione

水煮青菜搭配完美醬汁

你可能覺得這道食譜太簡單，不值得放在這本書裡，不過，我們英國人裡有許多蔬菜都吃得太少，吃的時候又總覺得該配肉或魚一起吃，然而在義大利，有數不清的蔬菜和葉菜類都被拿來當前菜，為了要打開味蕾。就因為這樣，義大利人比我們健康得多，雖然他們的確吃掉大量的橄欖油和飽和脂肪……所以你仔細聽好。讓我們學學義大利人，吃大量青菜。不過有一個規定——好好地煮、仔細用醬汁調味，這樣你必定能吃得樂開懷。

（最近我和幾位朋友一起去度假，每天的晚餐之前我們會吃些煮得很美味的青菜，這些菜用一點點橄欖油和檸檬汁調味，和莫札瑞拉乳酪、帕馬火腿與幾顆橄欖一起放在餐桌中央的盤子裡。我的幾個朋友小時候幾乎完全不吃蔬菜，但他們卻愛死了這些青菜。）

好了，先決要務是，煮一大鍋加鹽的滾水，蓋上鍋蓋。如果你煮的是瑞士恭菜，你必須把莖切下來先放進滾水裡，煮軟後再加入葉子，因為葉子只需要在水裡煮一、二分鐘。如果你煮的是綠花椰菜或羅馬花椰菜，不要煮得太硬但也別煮過頭——要煮得不軟不硬。怎樣才知道煮好了？從滾水裡拿一朵來吃吃看。我知道這聽起來是廢話，不過煮蘆筍時你也可以如法炮製。有時候把蘆筍莖切成兩半也是個好法子，這樣莖就能和頭上的芽同時煮。你也可以用包心菜葉，例如皺葉甘藍或黑甘藍，或者是櫛瓜。有太多美味的綠色蔬菜可以這麼煮一只要掌握住原則，接下來就可以自由變化了。

煮青菜時要注意看著鍋子，煮熟後只要把青菜放在濾盆裡把水瀝乾，然後鋪在放了乾淨擦手巾的托盤上，吸掉多餘的水分即可。在托盤上放幾分鐘，讓蒸氣散去。趁青菜還是熱的時，請你像做沙拉一樣製作醬汁，調一些檸檬汁和三倍的上等初榨橄欖油，然後仔細用鹽和黑胡椒調味。有時候我會在燙青菜的水裡放幾顆完整的大蒜瓣且煮軟，再把大蒜搗成泥，加入醬汁裡。

試著養成做一小碟青菜當作晚餐菜色的習慣，盡可能常常做。你可以搭配不同的青菜，當然你也可以和其他前菜一起上桌，不過我保證你會愛上它。我知道這是一道太過平淡無奇的食譜，但我認為人類很容易依循慣例，在某些情況下吃某些東西，例如肉搭配兩樣蔬菜，而我真的很希望你試試水煮青菜。好好地煮，加少許上等橄欖油，就這麼吃，或許也可以放在可士丁尼烤麵包上。這真的有夠讚！

ricotta fritta con piccolo insalata di pomodori

香煎瑞科達乳酪佐番茄沙拉

我能做的最接近的比喻，就是把這些小小的瑞科達「餅」比做是非常爽口的馬鈴薯麵疙瘩。煮好時，這些餅是薄而酥脆的，外表是金黃色，裡面是鬆軟、滑潤的美味瑞科達乳酪。它最適合搭配少許切碎的番茄沙拉，可以當前菜、點心或熱的開胃小菜。我相信一旦吃過一次，你就會天天做來吃；這道菜又快又簡單。不過你必須做到一點：務必讓你家人在你開始炸乳酪時就圍坐在桌前（同時把刀叉和熱盤子準備好），因為這些瑞科達乳酪餅煮好立刻就吃才會美味無敵——在這節骨眼上它值得你去發號司令，所有人都會為此感激你！PS 請到熟食店去買你的乳酪，因為一般來說用超級市場的乳酪是行不通的。

455公克／1磅上等瑞科達乳酪碎塊	2根新鮮羅勒
2湯匙現磨帕馬森乾酪，再準備一些以便上菜時加入	1條新鮮紅辣椒，去籽後切碎
1又1/2湯匙麵粉	初榨橄欖油
海鹽與現磨黑胡椒	上等紅酒醋
1顆大蛋，建議使用有機雞蛋	橄欖油
1大把各種類熟番茄	荳蔻粉，上菜時加入

將瑞科達乳酪與帕馬森乾酪、麵粉、一撮鹽和雞蛋拌在一起。用少許現磨黑胡椒調味後放進冰箱。

將番茄對切，把籽擠出來丟掉。番茄肉剁成小塊，濾掉多餘的汁。將羅勒的莖切碎，葉子撕碎，然後和辣椒一起加入番茄中。用鹽和黑胡椒調味，再倒入一大滴上等初榨橄欖油和少許上等紅酒醋。

倒點橄欖油在平底不沾鍋上，開中火。舀幾湯匙瑞科達乳酪醬到平底鍋裡，不要放得太擠，乳酪餅不能互相接觸（乳酪醬還沒下鍋時就要把家人叫到餐桌前！）把乳酪餅煎個幾分鐘，或煎到呈焦黃色為止，然後用抹刀或煎魚鍋鏟小心將餅翻面，另一面再煎個幾分鐘。

煎好後立刻上菜，上面撒點海鹽，一點荳蔻粉（現磨），旁邊放上一大湯匙切碎的番茄。滴少許香氣濃郁的初榨橄欖油，刨入一些帕馬森乾酪。趁著乳酪餅還熱騰騰又酥脆時享用！

sushi del chianti

奇揚提生牛肉

四人份

　　達里歐・切奇尼是義大利數一數二的肉販。他的小店在奇揚提區的龐札諾鎮上，那裡通常擠了一堆人，吃喝他免費提供的食物和酒，禮拜天早上十點左右人特別多——如果運氣夠好，你甚至還能聽到他唱歌給顧客聽！從做生意的角度來看，我試著弄懂他怎麼有時間和經費贈送那麼多東西，但顯然這一招有效，因為他賣了許多農產品。

　　當這放在一個大平盤上的「奇揚提生牛肉」被端出來，旁邊還掛著給顧客用的筷子時，我以為達里歐一定在開玩笑，不過基本上這是托斯卡尼版的韃靼生牛肉。它口味稍淡，而且是全世界最容易做的一道菜。不過如果你能買到上等有機牛肉或至少風乾十六天的天然放牧牛肉，我倒是建議你試著自己做做看。千萬不要用劣等的肉。因為地利之便，達里歐用的是奇揚提本地的白牛肉，這種牛是托斯卡尼的名產。有趣的是他沒有理所當然的使用牛腰肉或臀肉，反而用內側後腿肉或外側後腿肉。這些部位傳統上是用來做風乾牛肉或鹽醃牛肉，但請看他如何用他的獨門方法讓牛肉軟嫩。

500公克／1磅又2盎司最上等的內側後腿牛肉或外側後腿牛肉
海鹽與現磨黑胡椒
1根小辣椒乾，捏碎
1顆柳橙，外皮細刨成碎屑

1小把新鮮甜馬鬱蘭或略少的奧勒岡，摘下葉子
1顆檸檬，擠汁
初榨橄欖油

　　你的牛肉上一點筋腱都不能有，有的話就用刀子切掉，然後將牛肉切片後切成肉丁。現在該來狠狠敲肉了！如果你有長得像槌子的拍肉槌，最好用那個，或拿個小而重的東西代替。花幾分鐘把牛肉搥一搥，直到它看起來像是肉末為止。

　　就是在這個步驟我注意到達里歐在肉上面撒一大把鹽和胡椒，還有辣椒、一半的柳橙皮碎屑和大部分馬鬱蘭。他又搥了一分鐘，讓肉入味，所以也請你這麼做！接下來他又把肉剁了大約10秒，讓香料和肉混和均勻，然後把肉從邊邊弄到中間，嚐嚐味道，把肉裝盤。

　　肉鋪平在大淺盤上之後，將檸檬汁擠在牛肉上，滴幾滴初榨橄欖油。上桌前均勻撒入剩餘的馬鬱蘭葉和柳橙皮碎屑，用筷子直接夾來吃或放在義大利烤麵包上吃。

騎機車穿梭在
羅馬街頭的巷弄中

fritto di salvia e alici

酥炸鼠尾草夾鯷魚

可做十二片

在義大利你會發現這是炸什錦拼盤裡的一樣菜，或者是用來下酒的小菜。它很適合在朋友們來參加聚會時端出來給大家吃。這種組合不太常見，但炸的鼠尾草夾鯷魚是最佳拍檔！它們會融化在一起，產生絕妙的肉香味，簡直和牛排的味道一樣。你可能覺得我太誇張了，不過你一定要試試！（請注意：你會需要用很多油來炸，因此如果在炸這道菜時你家裡有小小孩，拜託拜託，請你務必讓小孩遠離油鍋。）

12條上等橄欖油醃漬鯷魚
1小杯聖托酒或甜白酒，或1顆檸檬的汁與外皮刨下的碎屑
24片新鮮鼠尾草葉
葵花油

麵衣：

255公克／9盎司高筋麵粉
1撮鹽
1顆蛋的蛋黃，建議使用有機雞蛋
155毫升／5又1/2盎司水
200毫升／7液態盎司氣泡礦泉水
55毫升／2液態盎司橄欖油
2顆蛋的蛋白，建議使用有機雞蛋

首先，把鯷魚放在平盤上，倒入聖托酒、甜酒或檸檬汁與皮，然後醃個至少一小時。這時候你可以製作麵衣。把麵粉、鹽、蛋黃和水放進一個料理碗裡。用打蛋器把所有東西混和均勻，直到麵糊呈濃稠狀。接著把氣泡礦泉水一點一點加入，然後加橄欖油。靜置約三十分鐘後再炸。

用一點水沾濕鼠尾草葉，再把葉子兩面灑少許麵粉。拿兩片葉子，其中一片上面放一條鯷魚，夾起來做成「三明治」。把葉子壓緊，讓鯷魚出一點汁。

把葵花油倒入大而厚的深鍋或油炸鍋裡，深度至少要有5公分／2英吋深。開大火，讓油的溫度到達攝氏180度／華氏350度。如果你用的是深鍋，你必須用廚用溫度計，或像我一樣丟一小片馬鈴薯到油裡試試。如果油的溫度到了，馬鈴薯就會變成金黃色。這時候轉成中火。在熱油的同時，把蛋白加入一撮鹽，打至硬性發泡，然後慢慢地加入麵糊裡拌勻（這麵糊拿來做什麼菜都行）。把盤子準備好，放幾張吸油的廚房紙巾在上面。

現在要準備炸囉！拿一份鼠尾草三明治沾滿麵糊，要讓它沾上薄薄的一層，但一定要沾滿。在碗的邊緣輕輕刮掉多餘的麵衣，然後小心地把三明治放進油鍋裡。一次最好只炸大約六片（如果你有個大鍋子，當然可以多炸幾片）。炸約一分鐘，直到三明治金黃酥脆，然後放到廚房紙巾上立刻上桌，以免變得濕軟。

阿馬非烤檸檬

四人份

義大利西南海岸的小鎮阿馬非盛產檸檬，你大約可以想像得出來，到了夏末當地人搞不好已經吃怕了檸檬！他們很歡迎有人能想出幾個吃檸檬的美味新方法，所以動手試試這個食譜吧。你不必真的把檸檬皮吃下去；它只是用來增添莫札瑞拉乳酪的風味。不用說，做這道菜如果能用超讚的阿馬非檸檬是最好的，不過用大顆沒有上蠟的檸檬滋味也同樣好，最好能用有機檸檬。做出來的成品最適合拿來當前菜，或搭配餐前酒，刺激你的味蕾。我在阿馬非附近的米諾利時，替自己的生日派對做了大約四十個這樣的烤檸檬，烤得很成功。

2大顆未上蠟的檸檬
1或2球水牛莫札瑞拉乳酪，切成0.5公分／1/4英吋薄片
4片新鮮羅勒葉
2條鯷魚

2顆熟透的櫻桃番茄，切半
鹽與現磨黑胡椒
依個人喜好加入：1條紅辣椒乾，捏碎

預熱烤箱至攝氏200度／華氏400度／瓦斯爐刻度6。把檸檬兩端切下來丟掉，然後將檸檬對半再橫切，就成了4個2.5公分／1英吋厚的圓片。請看次頁的圖，就知道我的意思。現在，用一把小刀把檸檬肉挖掉，留下4個中空的圓形皮。基本上我們只是要替莫札瑞拉乳酪增添風味，把它壓入檸檬皮裡，讓它在烤的時候吸收美妙的檸檬香味。

此刻莫札瑞拉乳酪必定會在烤的時候融化並且溢出來。在義大利他們會在每個檸檬片下面放一片檸檬葉以防止餡料流出，不過用一張正方形的防油紙也有同樣的功效。因此，請你放一張正方形的防油紙或一片檸檬葉在砧板上，然後放一片「檸檬輪」在上面。切一片大小適中的莫札瑞拉乳酪放進去，再放一片羅勒葉、半條鯷魚和半顆櫻桃番茄、一小撮鹽和黑胡椒在乳酪上。你可以加少許辣椒末。再放一片乳酪片在上面——此時檸檬皮應該已經滿了。其餘檸檬皮也同樣處理，然後把檸檬放在烤盤上，在預熱烤箱中烤10至15分鐘，烤至呈金黃色並冒泡泡為止。將檸檬從烤箱中取出，放涼幾分鐘，搭配幾片烤得熱騰騰的可士丁尼烤麵包。只要把莫札瑞拉乳酪舀出來配上烤麵包吃，把所有汁液都抹在麵包上就行了。真好吃！

crostini

可士丁尼小片烤麵包

我老是把可士丁尼看成是小號的義式烤麵包,不過這並不完全正確,因為它通常是用白麵包而非酸麵包做成。有人告訴我在以前因為麵包擺得太久,因此必須浸一點高湯或醬汁讓它嚼得動,才能入口。不過別擔心,時至今日你不必這麼做。在義大利他們就這麼烤一片1公分╱1/2吋厚的義大利拖鞋麵包,用一瓣切開的大蒜磨一磨,滴點油並且用鹽和黑胡椒調味,即可享用。可士丁尼是搭配飲料的最佳開胃菜,特別是你如果能做出幾種不同鋪在上面的餡料。以下是幾種我最喜愛的口味,這些食譜可以讓你掌握製作可士丁尼的訣竅。每一份食譜可供12片可士丁尼麵包使用。

1條義大利拖鞋麵包,切成1公分╱1/2吋厚　　　　　　上等初榨橄欖油
1大瓣大蒜,剝皮後切半

把拖鞋麵包拿去烤,烤好後趁熱用大蒜切開的那一面輕輕在上面磨,再滴些上等初榨橄欖油。現在就等著放上你最喜歡的料……。

義式燻火腿、無花果與薄荷

準備6大顆熟透的無花果、十二片義式燻火腿和一小把新鮮薄荷。把無花果掰成兩半,然後鋪一片火腿在每片熱騰騰的烤麵包上,再壓一片無花果在最上面。最後放點薄荷葉,上桌時再滴少許初榨橄欖油、一滴巴薩米克醋和一些現磨黑胡椒。

綠色蔬菜

準備3大把黑甘藍、包心菜或瑞士甜菜,摘下葉子。在一鍋加了鹽的水裡放3瓣剝皮的大蒜,把水煮滾,然後放進甘藍菜,煮軟後用濾盆把水瀝乾,放涼。把甘藍菜多餘的水擠出來,加入磨成泥的大蒜,用海鹽和現磨黑胡椒調味,並滴上幾滴初榨橄欖油。攪拌後把青菜分別放到每一片熱可士丁尼上,再滴些橄欖油,擠入檸檬汁。

水牛莫札瑞拉和辣椒

把3球150公克的水牛莫札瑞拉乳酪掰成4等分後，每1/4分別放在一片烤熱的可士丁尼上。新鮮紅辣椒去籽後剁碎，撒在莫札瑞拉乳酪上。加少許鹽和黑胡椒，最後滴幾滴初榨橄欖油。再撕些新鮮的羅勒葉放上去就更棒了。

豌豆與蠶豆泥拌佩柯里諾乳酪

把一小把薄荷葉和兩大把現剝的去殼豌豆與蠶豆用杵和研缽或用食物處理機打碎，直到看起來像豆子泥為止。加入一大把現刨的佩柯里諾乳酪或帕馬森乾酪，再用幾大滴初榨橄欖油稀釋，然後用少許檸檬汁、鹽和黑胡椒調味。把豆子泥抹在烤熱的可士丁尼上，最後再刨入一些佩柯里諾乳酪或帕馬森乾酪和少許薄荷——超讚！

綜合香草

任選幾種比較嫩的香草，如茴香的前端、綠色或紫色的羅勒、荷蘭芹、薄荷、峨參、百里香前端或酢漿草，然後將這些葉子約略切碎。把六顆櫻桃番茄切半，在每一片烤熱的可士丁尼上磨一磨。刨一些佩柯里諾乳酪或帕馬森乾酪在麵包上，用鹽和黑胡椒調味。滴幾滴橄欖油，接著把切碎的香草撒在上面。

義大利白豆泥與大蒜

把幾根迷迭香上的葉子摘下，在杵和研缽裡加點鹽輕輕搗碎。加少許初榨橄欖油並攪拌，然後放在一旁備用。用少許橄欖油將2瓣大蒜煎至略呈金黃色。加入400公克／14盎司用水沖洗過且瀝乾的上等義大利白豆，繼續用小火煮7分鐘。以鹽、黑胡椒和大量紅酒醋仔細調味，然後用叉子背面把白豆搗成粗泥狀。把白豆泥抹在烤熱的可士丁尼上，再澆一湯匙迷迭香橄欖油。

番茄與橄欖

準備大約20顆熟透的櫻桃番茄，最好是不同顏色的，把它們切成4等分。將一把上等黑橄欖或綠橄欖去核後剁碎。把番茄、少許初榨橄欖油和大量巴薩米克醋放進碗裡，仔細用鹽、黑胡椒和少許捏碎的辣椒乾調味（有些橄欖很鹹，所以別加太多鹽）。舀一匙混合的餡料放在烤熱的可士丁尼上，然後再撒點羅勒嫩葉在上面。

funghi al forno ripieni di ricotta

烤蘑菇鑲瑞科達乳酪

四人份

　　我們都曾在某個時候嘗試做過這道經典的菜，但這是這道菜一個很棒的作法。你可以用同一種菇或混和好幾種菇，但你使用的菇類菇傘的部分必須夠大，才裝得下瑞科達乳酪的填餡。小的龍葵菇或野菇就很適合。你可以把這道菜當成前菜，或是一道小巧的點心。

100公克／3又1/2盎司上等瑞科達乳酪塊
1顆檸檬，皮刨成碎屑
1條新鮮紅辣椒，去籽後剁碎（依個人喜好加入）
海鹽與現磨黑胡椒
2湯匙新鮮奧勒岡或馬鬱蘭葉，剁碎

1大把現刨帕馬森乳酪，另準備一些撒在蘑菇上
4把菇類，外皮刷淨
初榨橄欖油
1把芝麻菜或嫩葉香草

　　預熱烤箱至攝氏220度／華氏425度／瓦斯爐刻度7。把瑞科達乳酪以及檸檬皮碎屑、辣椒末和少許鹽和黑胡椒放進碗裡。用木湯匙攪拌均勻，再拌入切碎的奧勒岡和帕馬森乾酪。

　　輕輕將菇蒂摘掉並丟棄（或留著做義大利麵醬），然後把菇傘用少許油、鹽與黑胡椒拌勻。把菇傘翻過來排在烤盤上，方便放入少量美味的瑞科塔乳酪填餡。小心舀一湯匙填餡放入，撒上少許帕馬森乳酪，在預熱的烤箱裡烤至金黃色，約15分鐘。最好裝在大盤裡，然後撒些調味的芝麻菜葉或嫩香草葉就可以上桌了。

funghi tagliati a fettine sottili, con mozzarella fusa e timo

百里香莫札瑞拉乳酪蘑菇片

四人份

　　這是個很棒的簡單食譜──不需要多少時間就能完成，而且是一道最適合在派對上端出來的點心。我用的是莫札瑞拉乳酪，不過用一種叫史卡莫札的義大利乳酪也很不錯。

2大把蘑菇，切薄片　　　　　　　　　　　海鹽與現磨黑胡椒
150公克莫札瑞拉或史卡莫札乳酪2球，撕成小塊　　初榨橄欖油
1小根新鮮百里香，摘下葉子

　　準備一個可以進烤箱的平盤，鋪一層蘑菇片在盤上。把乳酪和百里香撒在上面。用鹽和黑胡椒調味，滴幾滴橄欖油，把盤子放進烤箱。

　　烤幾分鐘，不時查看，等乳酪融化冒泡，烤成金黃色，和幾片外皮酥脆的麵包一起上桌，就可以大快朵頤了！

street food & pizza
街頭小吃與披薩

街頭小吃與披薩

寫這一章讓我很興奮，因為談過這個主題的書和廚師並不多。我之所以喜愛街頭小吃，是因為它完全無視於任何既定的規矩與法則，或健康與衛生考量！我在拿波里或西西里島，尤其在巴勒摩吃過停在路邊的休旅車上的街頭小吃，供應的大多是烤豬肉三明治。這些休旅車小吃攤如果開在英國，一天之內就會因為違反歐盟健康與衛生相關規定而關門大吉——這個嘛，我想義大利、法國和西班牙也是歐盟成員，但歐盟對它們的街頭小吃一點影響也沒有！對當地居民或警察來說，這種街頭小吃幾百年來的烹調與販賣方式絲毫沒有改變，如果有個布魯塞爾的怪傢伙叫他們不准賣，義大利人會開口大罵，然後他們會在馬路過去一點的地方重新營業！

許多年前英國也有很不錯的街頭小吃文化，到了今日，即使香腸與漢堡吃起來像驢子肉，難吃得要死，然而當你走進足球場時，洋蔥香甜的味道還是會引起你的食慾。而搭配麥芽醋的炸薯條永遠最受歡迎。聖誕節時，倫敦各地的流浪漢會點起碳火幫你烤栗子，還會剝給你吃，上面灑點油鹽，味道棒極了。這些傢伙剝栗子殼的速度比我見過的任何主廚動作還快。沒錯，他們的雙手髒兮兮，而且身上味道不好，但天哪，那些栗子還真好吃！

此刻我要坦誠一件事……我在義大利見過大約百分之五十的街頭小吃，甚至比某些你在日本吃到的狗食還糟！我走到巴勒摩小巷弄裡的一個老男人身邊，他被十個邊吃東西邊講話的人團團圍住。他的攤子上有口大鍋，鍋上蓋了一條雙層的抹布，活像個聖誕節的蒸布丁，只不過內容物完全不同……這煙抽個不停、外表髒兮兮的義大利佬從鍋蓋上的一個小洞裡把手伸進去，然後拿出一把油膩膩的胃、脾和肺，扔進一塊白麵包裡，或就這樣放在紙上給客人。我在那裡的時候，大多數在攤子邊吃的人看起來都很像是工人階級或是窮人，不過也有個怪傢伙，穿著粗呢外套和喀什米爾高領毛衣，戴了副超大的Prada眼鏡，他從速克達機車上下來，享用這傳統的義大利街頭小吃。

這下子我可能讓你對本書這一章的內容敬謝不敏，而且相信我，我看過更糟的，不過讓人興奮的是我看到的其他街頭小吃，以及我放進食譜裡的這些，都好吃得要命，即便它們是以最基本的用餐方式供應給顧客。這些小吃令我笑顏逐開，因此我希望你也能如此！這一章的食譜收錄了許多這一類食物，從托斯卡尼的烤豬肉，到西西里的炸雞豆，還有最負盛名的街頭小吃——披薩！

polenta fritta croccante con rosmarino e sale

鹽味迷迭香酥炸玉米糕

四人份

在義大利各地鄉間的街頭和市場裡，你常會看到一台小拖車，上面熱著一個玻璃容器，裡面賣的是各式各樣的炸蔬菜。那些炸蔬菜很好吃，但有時候我也很幸運能發現一台賣炸玉米糕的車——玉米糕通常不是綜合炸蔬菜裡的一種，但它是人間美味。我唯一能拿來打比方的最相似食物是炸薯條，但炸玉米糕比較沒那麼吸油，而帕馬森乾酪也增添它香醇濃郁的風味。之前我也曾經加入辣椒末和各式香草如奧勒岡或馬鬱蘭，甚至還有茴香籽和番茄乾。後面這幾種並不是常見或正宗的搭配食材，但成品也相當美味。不管是拿來當零嘴或拌進好吃的沙拉裡，或甚至拿來代替炸薯條，炸玉米糕都是滋味無窮，所以做做看吧！

請注意：用這麼多熱油來炸東西時，絕對不要想在同時間做其他事情。隨時留意熱油鍋，而且別讓小孩靠近。

1份硬玉米糕（食譜見285頁）
1把現刨帕馬森乾酪
海鹽與現磨黑胡椒

2把義大利玉米粉，用來撒在玉米糕上
2公升／3又1/2品脫葵花油，油炸用
1把新鮮迷迭香，摘下葉子

首先來做玉米糕，做好後再拌進帕馬森乾酪並調味。把做好的玉米糊鋪在塗油的烤盤或檯面上，壓成2.5公分／1公寸厚。冷卻成形後，用手撕或用刀子切成大拇指大小塊狀。依我個人的意見，切得愈隨便愈好！把所有玉米糕撒上玉米粉，如此一來炸的時候就會讓玉米糕香脆無比。

準備一口深鍋，放入葵花籽油，開大火。放一片馬鈴薯到油裡，如果它立刻炸熟，那麼就表示油的溫度剛剛好。如果你有廚用溫度計就用它來測溫度，你要把油燒熱到攝氏180度／華氏350度。如果油熱得冒煙，就把火關小。抓一把玉米糕放到小篩網中，小心倒進油裡，如果玉米糕沈到鍋底沒有動靜，就表示火不夠大。如果它們炸得很漂亮，那你就成功啦！我在義大利沒看人這麼做過，不過炸了4分鐘，等玉米糕炸酥了之後，在最後的20秒我喜歡加一把去莖的迷迭香，吃起來又香又脆。小心地把玉米糕和迷迭香用篩網或有洞的湯匙舀起來放在廚房紙巾上。撒上鹽和黑胡椒，立刻端上桌給你的客人，當成餐前小點，或放在碗裡當配菜。

frittele di spaghetti

煎細麵

　　我之前見過煎義大利麵，不過從來沒去多想這道菜，直到我見到喬凡尼，這傢伙在離西西里海岸不遠的馬瑞提摩島開餐廳，他煎了一份細麵給我，上菜的方式很特別。他把麵放在碗裡，倒點高湯，再從水煮肉片拼盤裡拿塊豬肉放進去。非常驚人。高湯把麵變得軟爛，但依舊風味絕佳。不過煎麵最棒的一點在於它可以帶著走。它是最棒的點心，也可以當前菜或者是一道烤義大利麵。拿來當假日早午餐也很美妙。有了基本的煎麵食譜，你就可以用不同方式自行變化口味。比方說，我愛辣椒成癮，所以我的煎麵每次都會加辣椒。基本上你只要把一點蛋汁和義大利麵混和，然後用主要的義大利食材如荷蘭芹和現刨帕馬森乾酪調味（但別想用已經磨好的帕馬森乾酪——做出來會很難吃）。然後你可以加點魚片、撒點辣椒，或者是少許番茄或橄欖末。煎好後麵條應該是外酥內軟。讚！

2瓣大蒜，剝皮後剁碎
2把新鮮扁葉荷蘭芹，剁碎
2顆蛋，建議使用有機雞蛋
1顆蛋黃，建議使用有機雞蛋
2把現刨帕馬森乾酪

依個人喜好加入：2條鯷魚，約略切碎
1-2條辣椒乾（依個人口味增減），捏碎
海鹽與現磨黑胡椒
200公克／7盎司乾義大利細麵
橄欖油

　　把除了細麵和橄欖油以外的所有材料倒進碗裡拌在一起。把細麵放進加鹽的滾水裡，照麵條包裝上的所需時間煮熟。用濾盆把麵瀝乾，在冷水底下沖涼。義大利麵涼了以後，用剪刀把麵剪成大約8公分／3英吋長，放進碗裡和其他材料一起拌勻。

　　在平底鍋裡倒點橄欖油，開火。然後用叉子叉起一堆麵條（大小隨你高興）放進平底鍋，煎至兩面金黃酥脆。有時用比較熱的鍋子煎會很好吃，因為麵條外面會煎成漂亮的金黃色，而裡面會更軟，而且熱騰騰。

insalata di strada

街頭沙拉

四人份

　　巴勒摩有個夜市叫波爾哥，所有當地人都聚集在那裡，吃小攤子上賣的東西，像是炸鷹嘴豆、水煮小章魚和一些你不會想吃的玩意兒，例如胃、脾和其他骯髒的、搖來晃去的內臟！許多蔬菜攤販都有一口大鍋煮著馬鈴薯和朝鮮薊給客人吃——我想這可以算是速食的濫觴——而且這些蔬菜吃起來無比美味。

　　有些攤子上也賣食譜上的這種沙拉，好吃極了。他們會先澆上沙拉醬，然後就那麼放著過了好一陣子，因此它會變得有點濕，已經不是最好吃的時候，但這沙拉基本上是很讚的，在地的每一個人都愛死它了。在西西里你可以買到這些很棒的且朵檸檬，它是這道菜的主角，放在沙拉裡很好吃，但你可能買不到。在這裡我不建議你用一般的檸檬代替，因為味道會截然不同。

500公克／1磅又2盎司的新薯（當年收成的馬鈴薯），外皮刷乾淨
海鹽與現磨黑胡椒
3把綜合青脆沙拉葉，如菊苣、芝麻菜或蘿蔓生菜
1小把新鮮薄荷，摘下葉子後撕碎
1球茴香，切半後切成薄片，留下鬚狀的頂端
選擇性使用：1/2顆且朵檸檬，切成薄片

西西里血橙沙拉醬
1顆血橙的汁
3湯匙上等白酒醋或香草醋
初榨橄欖油
1大撮乾奧勒岡
2湯匙酸豆，若使用浸泡鹽水的酸豆需先沖水，過大則需剁碎
海鹽與現磨黑胡椒

　　西西里煮馬鈴薯的方式是用小火久煮慢燉，水裡放很多鹽。這是個讓一般馬鈴薯吃起來軟而粉狀的妙法子，但如果新薯也這麼煮那就太罪過了。因此請把馬鈴薯放入開大火的加鹽滾水裡，這有助於保留大部分的風味，然後把它們煮軟。最好是煮得愈軟愈好，但又不會煮到化掉。煮馬鈴薯時可以把沙拉葉洗好，和茴香與薄荷一起放進大碗裡。如果用的是且朵檸檬，這時就把檸檬片加到沙拉裡。

　　沙拉醬的部分，把柳橙汁和醋在玻璃杯或碗裡混和，再加上2倍的初榨橄欖油。加入奧勒岡和酸豆，以鹽和黑胡椒依個人口味調味。別忘了你要把味道調重一點，這樣等你拿來拌沙拉時，醬汁和其他食材的味道混和後整盤沙拉的味道才會恰到好處，因為醬汁的味道會變得比較細膩。馬鈴薯煮好後把水瀝乾，在濾盆裡靜置5分鐘讓蒸氣散去，然後趁熱丟到沙拉裡拌勻。百分之百的美味——搭配一盤烤魚或單獨當一份簡便午餐都很不錯。

酥炸鷹嘴豆餅

　　做炸鷹嘴豆餅的程序和做烤或煎玉米糕的程序幾乎一樣（見285頁），只不過你用的是鷹嘴豆粉而非玉米粉。唯一還有個小差異就是你應該在加熱前先把粉和水拌勻，這樣才不會結塊。在英國我們以為所有的粉都是麥子做成的，但其實它可以來自各式各樣的東西——比如說米、鷹嘴豆、栗子。在幾百年前，某些特定的地方只適合幾種原生作物生長，比方說鷹嘴豆。如果這地方被山或被海包圍，那麼基本上你終其一生就只能受限於食用少數幾種相同的食材，而你很可能會吃膩這些東西。為了打破單調的烹調方式，你必須動動腦筋——鷹嘴豆因此成了甜點或可以製成麵，甚至取代麵粉。你可以在某些超市和亞洲食品店裡買到鷹嘴豆粉，有時候在英文上也稱做gram flour。

800毫升／1又1/2品脫冷水　　　　　　　　　1把新鮮迷迭香、鼠尾草與牛至草，剁碎
225克／8盎司鷹嘴豆粉　　　　　　　　　　2公升／3又1/2品脫蔬菜油，炸鷹嘴豆餅用
海鹽與現磨黑胡椒

　　把水倒進料理碗裡，在表面撒點鷹嘴豆粉。攪拌一下，再加一點。繼續少量分次加入鷹嘴豆粉攪拌，把粉用完為止，然後用鹽和黑胡椒仔細調味。

　　把鷹嘴豆糊倒進厚底的深鍋裡，開中火。將豆糊煮沸，持續攪拌，然後轉成小火。豆糊應該會變稠，因此可以把打蛋器換成木匙，繼續攪拌，鍋子的每一處都務必要攪拌到。嚐嚐看變稠的麵糊，它應該稍微苦苦的，味道有點像帶殼的花生。繼續邊攪拌邊煮約五分鐘，煮到苦味消失為止。

　　在豆糊完全煮好前動作要快，需要的話先用鹽和黑胡椒再次調味，放進切碎的香草攪一攪，然後把豆糊倒進塗了點油的盤子裡。用刮刀把豆糊鋪成約0.75公分／1/4英吋厚，在一旁放涼。

　　準備一個厚底的堅固深鍋，開大火，加入葵花子油。放一片馬鈴薯在油裡，如果薯片很快就炸好，那麼油的溫度就剛剛好。如果你有廚用溫度計就用它來測溫度，你要把油燒熱到攝氏180度／華氏350度。如果油熱得冒煙，請把火關小。把豆糊切成或撕成三角形，然後輕輕把它們從盤子上取出來，小心地放在熱油裡，一次炸幾片。炸個一、兩分鐘，使豆糊略呈金黃色，然後用有洞的湯匙舀出來放在廚房紙巾上。放滿一盤時，就可以撒少許鹽端上桌。

il pesce fritto in pastella all'italiana più croccante

超酥脆義式炸魚

四人份

我去過羅馬一家很棒的店,他們賣裹麵糊炸的鹹鱈魚。在羅馬他們常會吃鹹鱈魚,也就是把鱈魚排抹滿鹽巴,以便保存數月之久。把鹹鱈魚在水或牛奶裡泡二十四小時,去除鹹味後,就可以裹上麵糊拿去炸。

鹽能把魚裡原本的水分去除,因此麵衣能保持酥脆無比的口感。一般炸魚店炸魚的麵衣會變軟,是因為在報紙裡放了一分鐘之後,自然散發出的水氣就把麵衣蒸軟了。如果你買不到鹹鱈魚,就用一般鱈魚排。我曾經試著在炸魚之前用大量鹽巴把魚醃個半小時,一旦用廚房紙巾把魚拍乾之後,炸出來的效果真的不一樣。

這陣子因為鱈魚數量不足,鼓吹捕撈鱈魚不是怎麼政治正確的事,所以請想辦法用別的白肉魚代替,如海鱈、庸鰈和鰈魚,或者當季生產的有機養殖鱈魚。(請注意:油炸時請務必讓小小孩遠離油鍋。)

200-225公克╱7-8盎司白肉魚排4片,去鱗去骨
海鹽與現磨黑胡椒
1顆檸檬的汁和磨成碎屑的外皮
2公升╱3又1/2品脫葵花籽油
2顆蛋黃,建議使用有機雞蛋

115公克╱4盎司麵粉
橄欖油
1小瓶(250毫升)非常冰的氣泡水
切半檸檬,上桌時搭配食用

用鹽和檸檬汁大量抹在魚排的兩面,把盤裡的魚排放進冰箱裡,至少冷藏半小時,並且把魚翻幾次面。別擔心魚會太鹹,因為大量的鹽會跟著從魚裡出的水流掉。一會兒之後你會注意到鱈魚已經變硬,盤子裡積了些水。把水倒掉,用廚房紙巾把魚拍乾。

將葵花籽油倒進一個大而堅固的厚底鍋子裡,注意油不要超過鍋子的三分之二深。開大火,放一小片馬鈴薯到油裡,它開始炸時,就是油的溫度到了(華氏325-350度╱攝氏170-180度)。在等油的溫度升高時你可以開始做麵衣。35頁有一道傳統義大利麵衣食譜(酥炸鼠尾草夾鯷魚),但這道食譜裡我想用不同的作法,和日本人做的麵衣差不多。把蛋黃、麵粉、檸檬皮碎屑和一大滴橄欖油放進碗裡,再加入氣泡水攪拌,攪到有如美乃滋的濃稠度,麵糊能附著在湯匙背面。水裡的氣泡能讓麵衣可口鬆脆。把每塊鱈魚排稍微沾上一點麵粉,然後浸入麵糊裡,輕輕地在碗的邊緣刮一下,讓麵糊不至於裹得太厚。小心把沾了麵糊的魚放進油鍋裡炸約4分鐘,直到炸魚金黃酥脆為止。你也可以把魚切小塊點去炸,拿來當作點心吃。真的很棒。搭配切半的檸檬一起上菜。

極致荷蘭芹明蝦煎蛋餅

二人份

說老實話，我對煎蛋餅非常挑剔。但這道小吃不偏不倚正中我的下懷，特別是當你買到新鮮漂亮的蝦子，絕妙的甜味能讓煎蛋捲充滿香氣。做這道菜時我放了檸檬皮碎屑到蛋裡，同時不小心把1/4個檸檬的汁也擠了下去。我想我還是試試看結果如何，即使蛋本來不該和柑橘類果汁混合在一起。我覺得我做出來的煎蛋捲妙透了——一份檸檬蝦子乳狀結塊煎蛋捲，不過倒挺好吃的！

這道菜的另一個竅門是用大量荷蘭芹。你可以隨喜好做更大或更小的煎蛋餅，我吃過好吃的煎蛋餅，大約都是2.5公分／1公寸厚。比這薄的就不算是煎蛋捲，而比這厚吃起來就沒什麼意思了。你可以端出冷的荷蘭芹明蝦煎蛋餅當前菜，或吃熱的當點心，甚至還能用它來代替義大利麵，當作一道菜。

PS 用蟹肉或龍蝦肉來做這道煎蛋餅，效果也相當好。

6顆大蛋，建議使用有機雞蛋

海鹽與現磨黑胡椒

1把新鮮荷蘭芹，切碎

1顆檸檬皮，磨成碎屑

1/4顆檸檬的汁

1尖湯匙現磨帕馬森乾酪

180公克／6又1/2盎司現剝殼明蝦

橄欖油

1大球奶油

1/2條辣椒乾，捏碎

將烤箱預熱至攝氏220度／華氏425度／瓦斯爐刻度7。把蛋和一撮鹽與黑胡椒在碗裡打散，然後加入荷蘭芹、檸檬皮碎屑和檸檬汁以及帕馬森乾酪。把一半蝦子約略切碎，剩下的不要切，全部加入碗裡。在一個可放入烤箱、小而重的不沾鍋裡倒入足夠的油，將奶油加熱至開始起泡，然後加入所有蛋液。以中火煮蛋，緩慢地用湯匙將蛋攪拌約1分鐘，然後把不沾鍋放進烤箱裡（一般吃到的煎蛋捲都煎得很熟，但我寧可把烤箱開高溫，烤的時間短一些，如此表面就有點金黃色，中間熟了，但又沒有烤過頭）。烤4到5分鐘，直到呈金黃色為止——蛋捲會微微鼓起，吃起來膨鬆可口。撒上辣椒末，把煎蛋捲滑進砧板上。搭配簡單的芝麻菜沙拉、好吃的麵包和一杯酒就棒透了。

烤豬肉之我見 porchetta

烤豬肉無疑是義大利最經典的義大利菜餚之一。它可以搭配一樣簡單的配菜，如馬鈴薯或蔬菜，就這麼吃，不過外面最常賣的烤豬肉形式，大概要算是在路邊攤或菜市場裡賣的、用兩片義大利拖鞋麵包夾烤豬肉做成的三明治，偶爾會搭配一湯匙莎莎醬。它就像炸魚薯條一樣常見而且變化多端。即便在今日，有許多鄉下的義大利人，還有些城市人也一樣，依舊想辦法在自己的後院養豬——而且我說的後院不是好幾英畝大，而是幾公尺長的自家後花園——院子裡還有幾隻雞，或許還有些兔子。

義大利人和豬的關係是非常令他們自豪的。在義大利豬，隻深受人們喜愛與尊敬的程度，有時早已被其他地方遺忘。在此地豬是百分之百受到禮讚——對義大利人來說，用腿肉做的帕馬燻火腿，是肉店和冷肉界的法拉利；腰肉和肋排可以拿來煎或燒烤；腹脇肉最適合拿來做香腸和義大利培根；肩胛肉捲起來就變成無論生吃或煮熟都很棒的帕馬火腿；更甭提雪白綿密又柔嫩、以和燻火腿同樣方式燻製成的肥肉，煮菜時常會用它，但人們更常在上面撒點鹽生吃，當作一道前菜或冷肉拼盤。頭部的處理方式通常是去骨、煙燻後用柳橙皮調味，把舌頭、臉頰和所有其他部位做成肉凍。基本上，豬身上沒有哪個部位不受重視，或被拿來做成「垃圾桶」香腸。我在義大利見過最接近「垃圾桶」香腸（也就是絞得很細的肉末）的東西是摩塔狄拉香腸，但即使是這種香腸，裡面往往也會加入開心果與松露！

買豬肉時，你要選豬皮烤後會裂開的，這種最好，豬皮不能太濕也不能太硬。為了省事，可以跟你的肉販買肋骨尾端腰肉排的一半，留著皮和腹部的肉，然後請他幫你去骨。你可以用骨頭做架子，把腰肉放上去烤，所以請他務必把骨頭也給你。叫他在豬皮上用刀劃菱形紋，每格約1公分／1/2英吋寬，把皮和底下的肥肉都切開。這樣免得你在家裡還要花半小時切肉，把自己弄得髒兮兮。如果你事先就打電話給他，請他幫你準備好，我相信他一定很樂意幫忙。別不好意思開口，因為這本來就是他的服務之一。

porchetta

義大利烤豬

3-4公斤／7-9磅豬腰肉，帶骨

4湯匙茴香籽

3小條辣椒乾，捏碎

3湯匙岩鹽，磨碎

4或5片月桂葉，撕碎

1顆檸檬，將皮磨成碎屑後切半

橄欖油

海鹽與現磨黑胡椒

2根芹菜，洗淨後切塊

2根紅蘿蔔，洗淨後切塊

1顆洋蔥，剝皮後切塊

1球大蒜，掰開成小瓣，不剝皮

12根迷迭香，摘下葉子

2酒杯白酒

565毫升／1品脫雞高湯或蔬菜高湯

　　將烤箱以最高溫預熱。把帶骨豬腰肉去骨且將表面劃開成菱形紋的帶骨豬腰肉帶皮的那一面朝下，放在砧板上。用杵和研缽、咖啡磨豆機或料理碗和擀麵棍，把茴香籽、辣椒末和海鹽搗成細粉，然後加入撕碎的月桂葉一起搗碎，最後倒入檸檬皮碎屑。把這調味粉均勻撒在豬肉上，蓋滿豬肉。

　　把腰肉捲起來，用5至6條繩子捆緊固定好。把骨頭散放在大小適中、肉可以剛好放滿的烤盤底部，上面放腰肉。豬皮上滴少許橄欖油，把鹽抹進劃開的切痕裡。將烤盤放進預熱的烤箱，關上門，立刻將烤箱溫度調低至攝氏180度／華氏350度／瓦斯爐刻度4，如此你就能先以高溫迅速把豬皮烤得劈啪響，讓皮澎起來，降低溫度則是能讓肉烤得熟透均勻，同時也保留了肉汁。肉必須烤大約2又1/2小時。你也可以烤稍久一些，這樣豬肉會比較乾，但還是一樣美味。

　　烤了1小時之後，把切好的芹菜、紅蘿蔔、洋蔥和掰開的大蒜瓣、迷迭香和酒加到烤盤裡。把烤盤搖一搖，讓蔬菜沾上些油脂。豬肉烤好後從烤盤上拿出來，靜置20分鐘，同時你還可以吃到香噴噴的烤根莖蔬菜，和留在烤盤底部、可以拿來做肉汁沾醬的黏稠好料。把油脂倒出來，加入少許高湯。然後把這肉汁沾醬攪一攪，一定要把所有美味黏稠的焦黃鍋粑從烤盤底部剷下來——你可能不需要把所有高湯加進去。義大利人喜歡清淡、比較原味的肉汁沾醬，因此你要的也就是這種濃稠度。用把鋒利的刀將肉切薄片就可以端上桌。

披薩之我見 pizza

披薩大概要算是全世界最有名的食物之一。最近我和我的學生們到托斯卡尼去採購，有位很棒的那不勒斯廚師做菜給我們吃。他告訴我，世界上最早的披薩是煎披薩，我把食譜放在75頁。基本上它就是把披薩拿去煎，煎了以後披薩會變得鬆軟無比，上面的料有乳酪、番茄和奧勒岡，然後再稍微用火烤一下——好吃，好吃透頂。我真是大感驚豔，但同時也讓我想到做披薩時應該要保持簡單的原則。比方說，大家往往會在披薩上放太多料，結果就是做出來變成蔬菜派。

番茄通常是披薩的基本餡料，而莫札瑞拉乳酪幾乎是不可或缺的。你在義大利各地吃到的美味披薩，上面的料往往放得很稀疏，披薩皮擀得很薄。光是烤箱裡的溫度和和放置披薩的平面，就能讓酵母開始作用，把披薩烤出很棒的小氣泡。今年我到那不勒斯一家披薩店，他們發明了用瑪格利特調酒做成披薩。店裡有塊匾額在牆上，表揚這項成就。說實話，這家餐廳的披薩一點也不好吃，而服務態度又很惡劣，但義大利人會大肆宣揚這麼簡單的一種食物，為它爭得面紅耳赤，喜愛吃它，就是這點讓義大利成了世界上最了不起的食物文化之一。在義大利有人告訴我，吃披薩的方式是把它折成一半，像個男子漢般地吃披薩……顯然，只有笨蛋才會用刀叉吃披薩！

如果你有個還算像樣的大烤箱，你就該開個披薩派對看看。叫你朋友帶啤酒來，你的工作就是做出好吃的番茄醬（見75頁），然後到熟食店去買些橄欖、羅勒、鯷魚，或者其他你喜歡的料，把所有東西都放在盤子上。讓你朋友放自己要吃的料在披薩上。你們會有滿屋子的笑聲。不管是參加別人的，或是自己舉辦，我總是在披薩派對上玩得很開心。

除了披薩上的料不要太複雜之外，薄而美味的皮也很重要，而燒木柴的烤爐的確能烤出風味與口感俱佳的披薩。不過家裡有燒木柴的戶外烤爐的人可不多，因此我一直想替各位尋求在家裡烤披薩的最好方法，即使這方法一點也不正統。最好的辦法就是測量你家烤箱的大小，然後跟石匠或與建商合作的店家訂做一塊大約2.5公分／1英吋厚的大理石或花崗石板——這塊板子可以用許多年。將烤箱以最高的溫度預熱，板子就會吸熱，幾乎像是戶外烤爐的底部一樣。把板子放在金屬烤架上，等準備開始烤的時候，就把金屬烤架拉出一半，放上披薩。如果你有利用暖氣保持一定熱度的英國Aga烤箱，也可以直接放在烤箱的平板上。這樣烤出來的效果真的很棒。如果你實在渴望買個戶外烤爐，我是跟果園爐具www.orchardovens.co.uk買的。即便是一個小的戶外烤爐也所費不貲。試試用這種烤爐來做英國傳統菜餚——週日烤牛肉，烤肉活動可以讓你走進花園！

pasta per pizza
基礎披薩麵團

可做六～八個中型薄皮披薩

這是非常簡單的披薩麵團作法。如果你買得到粗粒小麥粉，你的麵團就會有很正宗的風味與口感。

800公克又3/4磅高筋麵粉

200公克／7盎司磨細的粗粒小麥粉或高筋麵粉

1平湯匙細海鹽

7公克裝乾酵母2包

1湯匙紅糖

約650毫升／略多於1品脫溫水

把麵粉和鹽堆在乾淨的平台上 ，中間挖一個直徑18公分／7英吋的洞。把糖和酵母加入溫水裡，用叉子攪一攪，靜置幾分鐘，然後倒進麵粉洞裡。用叉子畫圈，慢慢地將麵粉從洞的內緣拌進水裡。麵糊看起來會像一大碗麥片粥。繼續攪拌，把所有麵粉都拌進來。等麵團成形，硬到無法再用叉子攪拌時，把雙手沾滿麵粉，開始將麵團輕拍成球狀。將麵團往前往後搓揉，用左手把麵團靠進你的方向拉長，同時右手把麵團推離你。反覆這樣的動作10分鐘，直到麵團變得光滑柔軟而有彈性。

在麵團上撒些麵粉，用保鮮膜覆蓋住，在室溫下靜置至少15分鐘，這樣能把麵團擀得比較薄。之後可以將麵團分成你想要做的披薩數量，也就是說分成許多個小麵團或幾個大麵團，但我的建議是，這種大小的麵團分成6份比較好。

就時間上來說，在烤披薩的15到30分鐘之前擀披薩皮比較妥當。如果你想更早擀皮，最好是把皮用保鮮膜包住放在冰箱裡，不要把擀好的披薩皮在外面放好幾小時。拿一塊麵團，在檯面上和麵團上撒些麵粉或粗粒小麥粉，擀成0.5公分／1/4公寸略呈圓形的皮。撕一張大小適中的鋁箔紙，抹點橄欖油，均勻撒上麵粉或粗粒小麥粉，把披薩皮放上去。其他麵團也如法炮製。如果在所有披薩皮上面撒一點麵粉，就可以把它們全部疊起來，用保鮮膜蓋住，放進冰箱裡。

可以開始烤時，就預熱烤箱至攝氏250度／華氏500度／瓦斯爐刻度9。在這個步驟就可以把披薩料放上去。請記住：可以的話，盡量把披薩放在一塊花崗岩板上，放進普通烤箱去烤，如果沒有花崗岩板，就把披薩排放在靠進烤箱底部的烤架上（如果要放在烤架上烤，披薩不能做得太大，則會很難取放）。烤7至10分鐘，將披薩烤至金黃酥脆。

各種口味的披薩

以下是我最喜歡的八種披薩口味，每一種食譜裡的材料可以做一片披薩。

辣味薩拉米臘腸、茄子、羅勒、番茄與莫札瑞拉乳酪

4湯匙番茄醬（見75頁）
6片結實的茄子，切薄片
8片新鮮羅勒葉
10片辣味薩拉米臘腸

85公克／3盎司莫札瑞拉乳酪
橄欖油
海鹽與現磨黑胡椒

　　將番茄醬均勻塗在披薩皮上。鋪上茄子和羅勒葉，然後再放薩拉米臘腸──臘腸要最後放，才會烤得脆。放幾小塊莫札瑞拉乳酪在其他食材的空隙中間，滴幾滴橄欖油，用鹽和黑胡椒調味。將披薩烤至金黃酥脆（見70頁）。

慢烤豬肉絲、百里香、塔勒吉歐乳酪與檸檬芝麻菜

　　就份量來說，1公斤／2磅又3盎司肩胛肉應該夠放在10片披薩上。雖然其他食譜上的食材是一片披薩的量，但沒有理由一次烤少於這個份量的豬肉──剩下的肉可以拿來夾三明治。這也是用掉剩餘烤肘子肉的好方法。

豬肉：
1公斤／2磅又3盎司肩胛肉
2湯匙茴香籽
海鹽與現磨黑胡椒
橄欖油

其餘食材，供一片披薩使用
2湯匙番茄醬（見75頁）
85公克／3盎司塔勒吉歐乳酪
1茶匙新鮮百里香葉
1/2顆檸檬的汁

　　將烤箱預熱至攝氏170度／華氏325度／瓦斯爐刻度3。在豬肉表面劃菱形紋。把茴香籽碾碎，均勻抹在豬肉上，然後再抹上橄欖油。在預熱的烤箱裡至少烤4小時，直到把肉烤軟，可以輕易撕開。放涼後用叉子或手把肉撕成條狀，把烤出來的肉汁澆在肉上，這樣的肉吃起來，幾乎有法國傳統名菜油封鴨的口感。在披薩皮上塗一層薄薄的番茄醬，上面撒一小把肉絲和幾小塊塔勒吉歐乳酪。撒上百里香葉，再滴些橄欖油，烤至金黃酥脆。用少許檸檬汁拌芝麻菜，把芝麻菜撒在披薩上，就可上菜（見70頁）。

馬鈴薯、莫札瑞拉、迷迭香與番茄

6湯匙番茄醬（見75頁）　　　　　　　初榨橄欖油
4顆煮熟的新薯　　　　　　　　　　　檸檬汁
1小把新鮮迷迭香葉　　　　　　　　　海鹽與現磨黑胡椒
1湯匙百里香葉頂　　　　　　　　　　85公克／3盎司莫札瑞拉乳酪

　　把番茄汁均勻塗在披薩皮上。將馬鈴薯切成0.5公分／1/4英吋厚，擠一把檸檬汁，和馬鈴薯、迷迭香、百里香、一撮鹽與黑胡椒和少許橄欖油一起在碗裡拌勻，然後把所有的料撒在披薩皮上，在中間的空隙放幾塊撕碎的莫札瑞拉乳酪。將披薩烤至金黃酥脆（見70頁）。

紅綠葡萄、迷迭香、松子與瑞科達乳酪

　　這組合聽起來很怪，但它是非常美味的早餐或甜點。搭配一球香草冰淇淋更棒！

1把上等紅葡萄與綠葡萄，切半後去籽　　1湯匙白酒
1湯匙松子　　　　　　　　　　　　　1尖湯匙捏碎的瑞科達乳酪
1小把新鮮迷迭香，摘下葉子　　　　　初榨橄欖油
2湯匙香草糖

　　將葡萄、松子、迷迭香、糖與白酒在碗裡混和後，靜置幾分鐘。然後和湯汁一起撒在披薩皮上。將瑞科達乳酪捏碎成小塊撒上去，再滴少許初榨橄欖油。將披薩烤至金黃酥脆（見70頁）。

蛋、義式燻火腿、朝鮮薊、橄欖、莫札瑞拉乳酪、番茄醬與羅勒

6湯匙番茄醬（見75頁）　　　　　　　1小顆蛋，建議使用有機雞蛋
2顆嫩朝鮮薊（可用上等瓶裝朝鮮薊）　85公克／3盎司莫札瑞拉乳酪
3片義式燻火腿　　　　　　　　　　　初榨橄欖油
1小把上等橄欖，去核　　　　　　　　海鹽與現磨黑胡椒

　　把番茄醬均勻抹在披薩上。將朝鮮薊撕開成4等分，散放在披薩上。將義式燻火腿平鋪上去，撒上橄欖。將蛋打在中間，然後把掰成小塊的莫札瑞拉乳酪放在其他食材的空隙中。滴些初榨橄欖油，用胡椒和一點點鹽調味。將披薩烤至金黃酥脆（見71頁）。

義大利培根、莫札瑞拉乳酪、新鮮辣椒與番茄

6湯匙番茄醬（見75頁）
85公克／3盎司莫札瑞拉乳酪
1條新鮮紅辣椒，切薄片

海鹽與現磨黑胡椒
4或5片義大利培根，切薄片
初榨橄欖油

　　將番茄醬均勻塗在披薩皮上。把莫札瑞拉乳酪掰成幾塊放上去，然後依你的口味酌量撒上辣椒，用鹽和黑胡椒調味。鋪上義大利培根，如此才能將培根烤得酥脆，而且讓培根油滲入披薩裡。滴幾滴初榨橄欖油，將披薩烤至金黃酥脆（見71頁）。

莫札瑞拉乳酪、鯷魚、辣椒、酸豆和荷蘭芹

　　一定要買到品質很好的罐裝西班牙鯷魚來做這道披薩，否則就別大費周章了。

4條鯷魚
1/2條新鮮紅辣椒，切片
1尖茶匙小顆酸豆，若使用鹽漬酸豆，則先用水沖洗
初榨橄欖油
1/2顆檸檬的汁，皮刨成碎屑

3湯匙番茄醬（見75頁）
85公克／3盎司莫札瑞拉乳酪
1湯匙新鮮扁平葉荷蘭芹，切碎
海鹽與現磨黑胡椒

　　將鯷魚條縱切成一半，和切片的辣椒——放多放少隨你喜歡——酸豆、幾湯匙初榨橄欖油和檸檬皮一起放進碗裡。擠上一點檸檬汁後攪拌一下。讓鯷魚在醃料裡靜置15分鐘。把番茄醬均勻抹在披薩皮上，撒入掰成塊的莫札瑞拉乳酪。將鯷魚條均勻鋪在上面，放上酸豆和辣椒，撒入少許荷蘭芹並調味。滴上一些剩下的醃漬醬汁，將披薩烤至金黃酥脆（見71頁）。

最好吃的大蒜麵包

1-2瓣大蒜，剝皮
初榨橄欖油

1湯匙切碎新鮮扁平葉荷蘭芹
海鹽與現磨黑胡椒

　　將大蒜用杵與研缽搗爛，加入1、2湯匙初榨橄欖油。把大蒜醬塗在披薩皮上，撒上扁葉荷蘭芹。用大量黑胡椒與少許鹽調味。進烤箱之前在披薩表面劃幾道切口，然後把切口撐開形成小縫隙，如圖所示。烤至金黃酥脆，上桌前滴一些初榨橄欖油（見71頁）。

pizza fritta

煎披薩

十人份

　　我帶我的學生去義大利參觀橄欖油的製作過程時，我們在奇揚提的龐札諾鎮上一家叫維斯科米諾的餐廳，吃到這種「煎」披薩。主廚把薄薄的披薩皮拿去油裡煎，像煎印度圓薄餅那樣，然後迅速塗上番茄醬，放上莫札瑞拉乳酪和少許奧勒岡，接著就把披薩丟進高溫的烤肉架裡。這是我吃過最爽口的披薩——完全出人意表——世界上第一個披薩就是這麼做出來的。

基礎披薩麵團食譜1份（見68頁）
撒在檯面上的麵粉
蔬菜油，煎披薩用
150公克水牛莫札瑞拉乳酪2球
依個人喜好加入：5湯匙乾奧勒岡

番茄醬：
初榨橄欖油
1瓣大蒜，剝皮後切薄片
1把新鮮羅勒，摘下葉子
400公克上等李子番茄罐頭1罐
海鹽與現磨黑胡椒

　　首先，製作基礎披薩麵團。再來煮番茄醬。熱鍋，加一些油，放入大蒜片稍微煎一下。大蒜煎至金黃色後，加入一半羅勒葉、番茄，和幾撮鹽與黑胡椒。用小火煮約20分鐘，將番茄搗碎至泥狀，嚐嚐味道後再次調味，然後放在一旁備用。

　　以最高溫預熱烤肉架。將披薩麵團分成10球，在撒了麵粉的檯子上壓扁。把麵團擀成0.5公分／1/4英吋厚，靜置約10分鐘。用大火加熱平底鍋，鍋內倒入約2公分高的蔬菜油，將每片披薩皮兩面各煎30秒，然後用夾子夾起來放在烤盤上。

　　所有披薩皮都煎好後，在每一片皮上塗一湯匙番茄醬，掰幾塊莫札瑞拉乳酪，放一兩片羅勒葉或乾奧勒岡。滴幾滴橄欖油後放進烤肉架裡，烤至乳酪冒泡，麵團烤熟並略呈焦黃為止。

primi
第一主菜

UN AVE GIORNI 40 D'INDULIGENZA
1534.
MARIANO LAVENIA

湯

　　我從來不曾對於哪個國家的湯感到意外，不管這些湯有多麼不得了。在日本我知道湯一定是清清如水；在法國，湯一定是口感滑潤、精緻優雅，上桌前加入鮮奶油；或用絲綢濃湯（以炒麵粉和奶油做成麵粉糊，再分次加入少量高湯做成的濃湯）為湯底，然後用數不清的繁瑣配菜增添味道。還有些老套的英國湯，吃起來也還可以，但通常用的都是在我們看來很本土的簡單蔬菜，然後再添上一些法式風情。

　　不過讓我們來聊聊義大利湯吧！在義大利各地旅行時，最讓我大感驚奇的就是湯。他們的湯原始而粗獷，相當有個性，很像某些義大利年老的面孔。這些湯的味道很有深度，顯然是受惠於地中海陽光普照的天氣，那裡的蔬菜和香草生長得也很快速。經歷數百年的貧窮，一心想改善生活條件的工人階級家庭已經不能滿足於熱開水加麵包，於是發展出今天我們在義大利看到的湯。他們用的還是簡單的熱開水與麵包做成的湯底，但是隨著蔬菜更容易取得，有些使人大為驚艷的湯就出現了，例如濃稠美味的麵包湯——隔夜湯，以及用麵包和番茄做的番茄粥。當土壤和季節宣告現在有哪些農產品，像義大利蔬菜湯這樣的湯就因運而生，嚐起來美味極了。即使是煮得稀爛，或拿剩下的義大利麵敲碎了去煮，蔬菜湯依然妙不可言。

　　比起我到過的其他所有國家，義大利人更習慣於突然出現的訪客，並且把來訪的客人數加到晚餐人數裡，而貧窮的義大利老媽媽也已經很習慣用義大利麵、麵包或豆子讓湯變得更大碗，這麼做一點也不費事。

　　我接下來要說的是，你可能已經聽過我如癡如醉地談論上等初榨橄欖油。我所謂的上等，意思是一瓶10到15英鎊，嚐起來有如剛剛割過的草坪，以及還有少許讓人精神抖擻的黑胡椒風味。義大利的湯在上桌前總會要加一些這種高品質的油——它絕對不是基本的日常用品，但被義大利人視為不可獲缺的重要食材。你用不到太多，所以請去買一瓶來寵愛自己，我保證你會發現其中的差異。聖斯伯里（Sainsbury's）、魏羅斯（Waitrose）、哈維尼克（Harvey Nicks）和哈洛（Harrods）等百貨公司都有賣最高級的油，去瞧瞧吧。總之，此刻我要停止吹捧，去做一鍋好喝得要命的湯——請別像我餐廳裡的顧客那樣，有時候他們期待被端上桌的是冒熱氣的高湯或漢斯（Heinz）番茄湯——我們現在可是在義大利！

義大利蔬菜湯之我見 minestrone

即便義大利有多少村莊，就有多少蔬菜湯食譜，如果想讓最難討好的義大利人印象深刻，你還是得記住以下幾條金科玉律。

第一條——高湯。你可以用水或蔬菜高湯做義大利蔬菜湯，但我喝過最讓人永誌難忘的蔬菜湯，是用煮肉類冷盤時剩下的清淡的高湯所做成。我會建議你用清淡的雞湯，或像我有時候會做的，拿一塊燻火腿的肘子和幾片義大利培根、一些酒、胡椒粒和月桂葉一起用大火煮開，然後用小火燉幾個小時。我就用這個高湯來做蔬菜湯（火腿肉最適合搭配肉肘子，或弄碎了放在可士丁尼麵包上）。把火腿肉拿去水煮聽起來像是只有英國人才會幹的事，但托斯卡尼也很流行這麼做。因此，即便用雞湯也行，但我想我還是把這秘方透露給你，這樣你就能讓別人刮目相看。

第二條——soffritto。這個字的意思是很慢、很慢地炒蔬菜（例如洋蔥、芹菜、大蒜，還有這道湯裡的紅蘿蔔和茴香），這樣湯才會有很棒的味道。這是煮湯時的第一個重要步驟，因為它能綜合並加深所有食材的味道。你會發現，在義大利各地這種方式被應用在燉飯的湯底、高湯、燉菜和醬汁上。

第三條——食材的季節性。雖然做到前兩條規矩，但你如果在義大利人面前端上這道湯，而湯裡的食材不是當季的，也不是在當地市場上買得到的，他們會把你當成白癡！因此，如果現在是冬天，你卻用蘆筍和豆子來煮湯，錯。如果是在英國的初夏，而你卻煮皺葉甘藍（這時候你才該用蘆筍和豆子），那也不太聰明。因此，請使用當季蔬菜。做這道食譜時，我人在初秋的托斯卡尼。那裡已經沒有任何豆子或蠶豆，而且黑甘藍和甘藍還沒收成，因此我決定用瑞士恭菜、茴香和茄子，做出來非常好吃。

只要遵守以上三條規則，你就可以依照我在82頁的初秋義大利蔬菜湯食譜，做出一道你自己的蔬菜湯。別忘了——你知道在你廚房櫃子後面有那些用到一半的義大利麵，包裝底下還有壓碎的碎屑吧？這就是把剩麵用完的最佳食譜。這道湯裡最常用細麵，但我想用敲碎的麵是更正宗的作法。還有件事值得一提，不管是乾的或泡水的、罐裝的或煮熟的，豆子都很適合放湯裡，但如果你能在農夫市集買到新鮮的豆子那就更好了。請記住，乾豆子並需浸泡一整夜（272頁有一份煮乾豆子和新鮮豆子的食譜）。

minestrone d'inizio autunno

初秋蔬菜湯

200公克／7盎司新鮮的或乾燥但已浸泡一晚的義大
利白腰豆或花豆

1片月桂葉

1顆番茄，壓扁

1小顆馬鈴薯，削皮

海鹽與現磨黑胡椒

橄欖油

4片義大利培根或一般培根

2小顆紅洋蔥，剝皮後切碎

2條紅蘿蔔，削皮後切塊

2根芹菜，摘去頭尾後切塊

1/2球茴香，切塊

3瓣大蒜，剝皮後切碎

1小把新鮮羅勒，葉子與莖分開

400公克上等李子番茄罐頭2罐

1杯紅酒

2小條櫛瓜，切成4等分後切片

200公克／7盎司恭菜或菠菜，洗淨後略切（保留葉梗）

565毫升／1品脫雞、火腿或蔬菜高湯

55公克／2盎司乾義大利麵

1塊帕馬森乾酪，上桌時刨碎撒在湯上

把新鮮或浸泡過的乾豆子，和月桂葉、壓扁的番茄與馬鈴薯一起放到一鍋水裡，這樣可以增添豆子的香氣，同時讓外皮軟化。煮至軟——吃吃看就知道軟了沒，一定要煮軟。乾豆子可能要煮1小時，但新鮮豆子煮25分鐘後就可以吃吃看軟了沒。把豆子瀝乾（留下半酒杯煮豆子的水），丟掉月桂葉、馬鈴薯和番茄。用鹽、黑胡椒和一些橄欖油調味。

煮豆子的時候可以同時做慢炒蔬菜。在深鍋裡加入大量橄欖油，放入切好的義大利或一般培根、洋蔥、紅蘿蔔、芹菜、茴香、大蒜，和切細的羅勒莖。以極小的火慢慢炒，鍋蓋微開，炒約15至20分鐘，將蔬菜炒軟但不要炒焦。然後加入番茄、櫛瓜和紅酒，用小火煮15分鐘。

這時加入恭菜或菠菜、高湯和豆子。把乾義大利麵放進塑膠袋裡，擠出空氣，綁牢開口。用擀麵棍輕敲塑膠袋，把義大利麵敲碎。剪開袋子把麵倒進湯裡。攪拌後繼續用小火將義大利麵煮熟。

如果你覺得湯太濃稠，可以多加一點高湯或煮豆子的水，把濃湯稀釋。接著用鹽和黑胡椒調味。上桌時撒些撕碎的羅勒葉，在湯上滴幾滴初榨橄欖油。在餐桌上放一塊帕馬森乾酪和刨絲器，讓大家自己動手加入湯內。讚！

pappa al pomodoro
麵包番茄湯

四人份

這道托斯卡尼湯很可口，每個人都應該吃吃看。光想到它就讓我口水直流！這道湯適合全家大小，不管是小寶寶或是老阿公（他們倆都沒牙！）都會吃得津津有味。我在食譜裡加的是烤櫻桃番茄，不過用罐頭番茄也一樣很好吃。最棒的是它只要花20分鐘，就能煮好，所以快點動手做吧！PS 請用放了幾天的鄉村白麵包，而非工廠製造的便宜切片白土司。

500公克／1磅又2盎司熟透櫻桃番茄　　　　海鹽與現磨黑胡椒
3瓣大蒜，剝皮後切薄片　　　　　　　　400公克上等李子番茄罐頭2罐
1大束新鮮羅勒，摘去葉子，莖切碎　　　500公克／1磅又2盎司或2大把隔夜上等鄉村麵包
可買得到最上等的初榨橄欖油

把櫻桃番茄切開，和一瓣切片大蒜、1/4羅勒葉拌在一起。滴幾滴初榨橄欖油，撒上鹽和黑胡椒，放在烤盤裡，以攝氏180度／華氏350度／瓦斯爐刻度4烤約20分鐘。這麼做是為了讓番茄的味道更強烈濃郁。

在大鍋裡加熱一些橄欖油，放進剩下的大蒜和羅勒莖。攪拌一下，用小火炒1分鐘，把大蒜瓣炒軟。加入李子番茄罐頭，然後把空罐頭裝滿水，加到鍋裡。用湯匙把番茄弄碎，開大火煮滾，然後用小火煮15分鐘。

把麵包掰成拇指大，放進鍋裡。攪拌均勻並調味。把羅勒葉撕碎加入，用小火再煮10分鐘。這時你的番茄應該已經烤好了，番茄汁從迸裂的皮中流出來。請把番茄從烤盤裡拿出來，記得把烤盤底部美妙黏稠的渣滓都刮乾淨。把番茄連同所有番茄汁、羅勒和橄欖油一起從烤盤裡倒進鍋中。

把湯攪拌均勻——你要的是濃稠滑潤如粥般的口感，因此也可以用少許水調整濃度。然後把湯離火，加入6或7湯匙初榨橄欖油。把湯分裝到碗裡，喜歡的話在上桌前多加一點點撕下來的羅勒葉。這道湯的重點，就是你喝得出美妙濃郁的香甜番茄、清新羅勒的味道。

隔夜湯之我見 ribollita

Ribollita的字面意思就是「再煮一次」。如今在托斯卡尼這就是一道豆子、麵包和黑甘藍煮成的湯，但傳統上它是用前一天的剩湯煮成的。湯裡的所有剩菜都會被煮得很糊，甚至可以加一點豬油放在平底鍋裡，煎成類似馬鈴薯餅或肉餅之類的東西——了不起！

大家常搞不清楚隔夜湯到底應該長什麼樣子。它不像蔬菜湯，因為它裡面沒有高湯，也沒有義大利麵。其實隔夜湯比較像番茄麵包湯，因為它是用麵包當湯底，非常濃稠。這道湯可以說是義大利的「農夫食物」，人們曾經在還沒有暖氣、必須辛苦勞動的年月裡喝掉很多這種湯。我想這食譜掌握了農夫食物的精髓——便宜又美味的粗飽食物。請務必煮好以後，隔天重新拿出來加熱——你會發覺味道變得更濃郁。

每年我都會帶我的學生到托斯卡尼去看橄欖油壓製的過程。在某次旅程中，我們一天之內跑了三個不同的莊園。我們當然很感謝所有人的殷勤款待，而且絕對不想失禮，不過就在那一天，我們喝了四頓隔夜湯！我們著實上了一課——沒有哪兩碗湯的外觀和味道是一樣的——這些湯從美味到馬馬虎虎，從漂亮得令人胃口大開到看起來像一團灰色的爛泥巴，一應俱全。然而看起來最醜的隔夜湯卻顯然是最美味的，可惜最美的那一碗喝起來像燒焦的牛奶。那天一個小伙子跑來給我們煮湯，他讓麵包黏在鍋底，但我們還是面帶微笑把湯喝了！

Cavolo nero是有名的義大利黑甘藍，如果你在附近超市買不到，你們當地的農夫市集應該會有。不過你可以用深色包心菜外層的葉子代替，例如皺葉甘藍或深色的羽衣甘藍。如果你實在是個老饕，就像我和我老爸一樣，那麼你應該去訂購黑甘藍的種子，種在自家庭院。我們通常跟東岸薩福克郡一家叫做強森種子的店買種子，他們的網址是www.johnsons-seeds.com，電話是01638 751161（我們訂的羽衣甘藍種子叫做「黑色托斯卡尼」）。黑甘藍的好處是，一年之中有六個月你都能栽種，而且如果你要做菜的時候，把外層的葉子摘下來用，它還是會繼續長出來，即使種在窗邊的小盒子裡也是一樣。太妙了！

88頁是我最喜歡的隔夜湯食譜。在這食譜裡我建議使用佐菲尼豆。它是生長在托斯卡尼的一種白色豆子，比義大利白腰豆略小，這種豆子非常滑嫩美味。義大利的農夫千方百計想多種一些佐菲尼豆，但收成的量卻相當少。給你們當地的熟食店出個難題，叫他們想辦法替你進一些這種豆子。如果沒有的話，就用瓶裝的、預先水煮或浸泡過的乾義大利白腰豆，湯裡放這豆子也很好喝。別忘了乾豆子必須浸泡一晚才能用（272頁有烹調乾的和新鮮豆子的方法）。

我最喜歡的隔夜湯

310公克／11盎司新鮮的或浸泡一晚的乾佐菲尼豆
或義大利白腰豆
1顆番茄，壓扁
1小顆馬鈴薯，削皮
2小顆紅洋蔥，剝皮
2條紅蘿蔔，削皮
3根芹菜，切去頭尾
3瓣大蒜，剝皮

橄欖油
1撮磨碎的茴香籽
1撮紅辣椒乾
400公克上等李子番茄罐頭1罐
310公克／11盎司黑甘藍，菜葉與菜梗切絲
2大把隔夜上等麵包，撕成大塊
海鹽與現磨黑胡椒
可買得到最上等的橄欖油

把新鮮或浸泡過的乾豆子，和月桂葉、壓扁的番茄與馬鈴薯一起放到一鍋水裡，這樣可以增添豆子的香氣，同時讓外皮軟化。煮至軟——吃一顆看看就知道軟了沒。乾豆子可能要煮一小時，但新鮮豆子煮25分鐘後就可以吃吃看軟了沒。把豆子瀝乾（留下半酒杯煮豆子的水），丟掉月桂葉、馬鈴薯和番茄。

把洋蔥、紅蘿蔔、芹菜和大蒜切碎。在鍋裡加些橄欖油，然後把辣椒與磨碎的茴香杍和蔬菜一起加進去。鍋蓋微開，以極小的火慢慢炒出蔬菜的水分，約15至20分鐘，將蔬菜炒軟但不要炒焦。加入番茄，用小火煮個幾分鐘。

把煮好並瀝乾的豆子和一點煮豆子的水加入鍋中，開大火煮沸。加入甘藍菜絲攪拌（看起來太多，但別擔心，它煮了會縮小），然後用一點豆子水讓麵包濕軟後也倒進去。 這鍋湯應該要很濃稠但不會太乾，因此如果需要稀釋，就加少許豆子水。繼續煮約30分鐘，你要的是一鍋滑順濃稠的湯。

用鹽和胡椒將隔夜湯調味，然後上桌前加入一些上等托斯卡尼初榨橄欖油攪拌一番，讓湯吃起來有光滑香濃的口感。請在寒冷的冬日端出這道湯，搭配大量的奇揚提酒！

zuppa di baccala
鹹鱈魚湯

你可知道鱈魚曾經是最受重視、最有價值的日常食品交易品？許多大小戰爭靠鱈魚打贏，因為以往船必須在海上航行數週或數月，水手的飲食很不健康。如果船上有了鹹鱈魚當作蛋白質來源，就可以讓水手保持強健的體魄，也就是說要戰鬥時他們就有足夠的精力跳下船，好好打一場！有許多文明起源於鹹鱈魚，我想特別為人所知、至今還在醃製鱈魚的國家就是伊比利半島和斯堪地納維亞島各國，義大利人在這方面當然遠不及他們。數百年前把魚送到義大利中部的唯一方法就是醃製，例如醃鹹鱈魚。說來或許理所當然，但這就是托斯卡尼菜之所以把肉類和豆類當作主要食材的理由。在過去，最常見的魚類食譜就是用醃製的魚或用湖裡的魚。

除非你住在鹹鱈魚很常見的國家如西班牙或葡萄牙，否則鹹鱈魚只能在高級熟食店買到。想辦法找到正宗義大利鹹鱈魚，如果真的買不到，就把新鮮的魚拿來醃一整夜。鹹鱈魚是以大量的鹽醃製而成，所以這道湯完全不用鹽調味，要的話也要留待最後再加。

310公克／11盎司鹹鱈魚或600公克／11磅又6盎司新鮮鱈魚、黑線鱈或鮟鱇魚排
1顆白洋蔥，剝皮
2小條紅蘿蔔，削皮
2根芹菜，切去頭尾，留下裡面淡綠色的葉子
2瓣大蒜，剝皮
1小把扁葉荷蘭芹，將莖與葉子分開

初榨橄欖油
1小條紅辣椒乾，捏碎
400公克上等李子番茄罐頭2罐
425毫升／3/4品脫清淡雞湯
海鹽與現磨黑胡椒
1顆檸檬的汁

如果用的是新鮮的鱈魚、黑線鱈或鮟鱇魚，就把魚裝在撒了幾把海鹽的袋子裡放一整夜，煮之前用水沖洗。如果用的是鹹鱈魚，把魚排在冷水裡浸泡24小時，中間換幾次水。這樣在煮湯之前水份才能再次進到魚裡，去除鹹味。（如果魚排的厚度超過2公分／1英吋，你可能需要將它浸泡36小時）。

把洋蔥、紅蘿蔔、芹菜、大蒜和荷蘭芹切碎。在鍋裡熱一些橄欖油，加入切好的蔬菜、荷蘭芹的莖和辣椒乾。鍋蓋微開，以極小的火慢慢炒出水分，約15至20分鐘，將蔬菜炒軟但不要炒焦。加入番茄後再用小火煮10分鐘，然後加入高湯，再滾一次。

將大塊番茄用木匙搗碎，把鹹鱈魚排丟到熱湯裡。用小火煮15分鐘，煮到魚排熟透，可以用叉子戳成小片。把皮取出。輕輕地把魚片拌到湯理，試試味道後用檸檬汁、胡椒和鹽（有需要的話）調味。最後把荷蘭芹和芹菜葉剁碎後撒在湯裡。

pasta e ceci

鷹嘴豆義大利麵湯

有人會反駁說這道菜既是湯也是義大利麵，但我覺得它稍微向湯那邊靠過去一點點，所以我把它放進這一章裡。它的表親豆子義大利麵，是一道較濃稠、顏色較紅的豆子湯，但我認為這一道用鷹嘴豆做湯底、單純又美味的湯，正代表義大利食物的精神……。

1小顆洋蔥，剝皮後切碎
1根芹菜，切去頭尾後切碎
1瓣大蒜，剝皮後切碎
初榨橄欖油
1根新鮮迷迭香，摘下葉子後切碎

400公克鷹嘴豆罐頭2罐
500毫升／18液態盎司雞湯
100公克／3又1/2盎司小頂針麵或其他煮湯用的小型義大利麵
海鹽與現磨黑胡椒
依個人喜好加入：1小把新鮮羅勒或荷蘭芹，摘下葉子後撕碎

把剁碎的洋蔥、芹菜和大蒜放進鍋子裡，加一點初榨橄欖油和迷迭香，蓋上鍋蓋用最小的火炒約15至20分鐘，將所有蔬菜炒軟但還沒焦黃。

把鷹嘴豆瀝乾，放在冷水底下沖洗，然後放進鍋裡，用高湯蓋過。用小火煮半小時，然後用有洞的湯匙把鷹嘴豆撈起來一半，放進碗裡備用。

用手持棒狀攪拌機在鍋裡把湯打成泥狀。如果沒有這種攪拌機，你可以用食物處理機，打好以後再倒回鍋裡。加入義大利麵還有之前留下來的一半鷹嘴豆，用鹽和胡椒調味，然後用小火慢煮，將鷹嘴豆煮軟，義大利麵煮熟。

這時如果湯有點太稠，就倒些茶壺裡煮滾的水將湯稀釋，需要的話再多加些鹽和胡椒。滴幾滴上等初榨橄欖油，撒些新鮮撕碎的羅勒就更棒了。好一道佳餚！

il miglior brodo siciliano di aragosta

頂級西西里龍蝦湯

　　如果想讓朋友大為驚艷你的手藝，你就要煮這道湯。我知道大家覺得龍蝦很昂貴，但在特殊的日了裡值得你大手筆買一隻。別讓店裡賣給你煮好的或死掉的龍蝦，你必須買活龍蝦。最近超市應該已經有提供活龍蝦，如果沒有……那就去找你的魚販吧！你也可以試著用新鮮的蝦子、小龍蝦或螃蟹來做這道湯。粗圓麵的麵團做起來非常簡單，不過你也大可以用敲破的乾千層麵或弄斷的細麵。

　　我很有自信地在這道菜裡加進肉桂和杏仁，這靈感是來自於西西里西岸的艾加地群島。群島靠近突尼西亞，因此阿拉伯和希臘各地的烹調方式一直以來深深影響他們的菜餚。

1份粗圓麵麵團（見121頁）或150公克／5又1/2盎
司乾千層麵皮，敲碎
1公斤／21磅又3盎司活龍蝦2隻
初榨橄欖油
1大顆白洋蔥，剝皮後切碎
6瓣大蒜，剝皮後切碎
1大條紅蘿蔔，削皮後切碎
1根肉桂條

1或2小條紅辣椒乾，捏碎
1茶匙茴香籽，搗碎
1/2瓶白酒（若買得到就用西西里白酒）
850毫升／1又1/2品脫濃縮番茄糊，或400公克上等
李子番茄罐頭3罐，用果汁機打成糊狀
海鹽與現磨黑胡椒
1大把帶皮杏仁
1小把新鮮羅勒，摘去葉子

　　先做和水的麵團，把麵團揉成粗圓麵。如果用的是乾燥的麵，就可以立刻開始做湯。首先拿一口大鍋，開小火。殺活龍蝦最快最好的方式，就是拿一把大而利的菜刀，刀尖對準頭上的小突起，從地兩眼之間砍下去。你也可以用濕毛巾或報紙蓋在龍蝦上，先在冰箱裡放半小時，這樣地會很放鬆、很想睡。殺好龍蝦後，把頭從身上扭下來。兩隻龍蝦都同樣處理，然後把尾巴和螯放在一邊。切開龍蝦頭，靠進眼睛的地方有一小個黑色的胃袋，我都把胃袋丟掉。接下來把頭切塊，留下棕色的肉和其他東西。

　　在熱鍋裡倒少許橄欖油，把切塊的頭和龍蝦腳丟進去。這時你可以開大火。丟進洋蔥、大蒜、紅蘿蔔、肉桂條、辣椒乾和茴香籽。繼續翻炒湯底的料，炒約15分鐘，要讓洋蔥稍微上色，但不要燒焦。如果鍋子太燙，就灑點水進去。

　　加入白酒，用大火滾5分鐘，接著加入番茄糊和等量的水。繼續煮滾，然後開小火慢煮約20分鐘到半小時。試試湯的味道，應該非常強烈濃郁。這時候在另一口大鍋上面放一個濾盆，小心將湯過濾。用杓子把所有的殼往下壓，讓它滴5分鐘，把所有味道都濾出來。等全部汁液都從殼裡留下來之後，

就可以把殼丟掉。把湯放回爐子上繼續用小火煮——它吃起來應該是典型的番茄湯口感。如果比番茄湯還濃，就加一點水稀釋。

把龍蝦尾巴連殼帶肉切成2.5公分／1英吋長的塊狀後放進湯裡。把螯敲碎，取出肉一併加入湯裡。繼續用小火煮8分鐘。同時在加鹽的滾水裡煮麵，將水瀝乾後丟到湯裡煮4、5分鐘。

把杏仁剁得非常碎，或在食物處理機裡打碎，拌進湯裡。嚐嚐味道，需要的話用鹽和胡椒調味。把湯分裝在4個碗裡，撕幾片羅勒葉、滴些上等初榨橄欖油在湯裡。

minestra di piselli di altamura

阿塔穆拉豌豆湯

四人份

　　在普利亞省的阿塔穆拉時，我曾經和一個烘焙家族共事，這整個家族的人都住在同一棟大房子裡，每一房有自己的客廳和廚房。有一天我跟著他們回家，四個不同的家庭分別做出四道菜——感覺蠻詭異的。這道湯是其中一家人煮的。它很簡單，只要拿四種材料用慢火煮15分鐘即可。我只用新鮮豌豆煮過這道湯，不過用冷凍豌豆也行。如果用的是新鮮豌豆，我喜歡用豆莢煮成湯底，這樣湯會更鮮美。你可以在煎洋蔥的同時煮湯底，煮好後過濾出來加到洋蔥裡，在用小火燉豌豆的同時把鍋子重新裝滿水，煮義大利麵。

橄欖油
2顆中型洋蔥，剝皮後剁碎
4大把帶豆莢的新鮮豌豆
1.1公升／2品脫雞高湯
255公克／9盎司乾細麵，掰成約2.5公分/1英吋長

海鹽與現磨黑胡椒
依個人喜好加入：帶莖的新鮮薄荷、羅勒與迷迭香各1枝
初榨橄欖油
1小把新鮮扁葉荷蘭芹，切碎

　　在鍋裡倒入一大滴橄欖油，加入洋蔥，用小火慢炒10分鐘。接著加入豌豆和雞高湯，煮滾後再用慢火煮約10分鐘。煮一鍋加鹽的沸水，依照麵條包裝說明上的一半時間煮細麵，瀝乾後加到豌豆湯裡就完成了。把香草枝綁起來丟進湯裡，是個讓湯增添香氣的好法子，上桌前再把它拿掉即可。細麵煮熟後試試鹹淡，然後用鹽和黑胡椒仔細調味。把湯分裝在碗裡，滴少許初榨橄欖油，撒入荷蘭芹。

義大利麵

關於義大利麵，我還有什麼好說的呢 ⋯⋯？好吧，如果你想知道真相，那麼從我不再煮又濕又黏、無趣而老套的的義大利麵，而開始用義大利人在家中用的家常食材煮出美味義大利麵的那一刻起，我的廚藝生涯就此徹底改變。當我的良師益友傑納德告訴我，我煮給他吃的一盤義大利麵貨真價實，完全就是義大利家鄉的作法時，我充滿自信，得意洋洋。

義大利麵很好玩，而且應該要用愛心製作，然後興致勃勃地快快吃掉，必要的話邊吃邊發出呼嚕呼嚕聲！不過最棒的一件事，也就是每次我從揉麵團開始做麵條時都會問自己的問題：當三種我們視為理所當然、看起來平凡無奇的日常食材——水、麵粉和蛋——混和在一起，怎麼就能夠揉成充滿彈性的麵團，而這麵團可以擀、切和壓成千百種形狀，調味和染色成千百種樣子？到現在我還是為此驚訝不已！接下來，只要心懷敬意、運用智慧和無比簡單的方法，就能將義大利麵和蔬菜、魚和肉——樓上的壯漢給你什麼你就用什麼——煮在一起，製作出美味的晚餐，讓你覺得好像有位義大利媽媽給了你一個大大的擁抱似的！

本章大部分食譜用的都是乾燥的麵，不過我會提供兩種絕佳的新鮮義大利麵食譜，一種是加了蛋的，在102頁，另一種是121頁的番茄醬小牛肉義大利麵食譜裡的麵，只用了麵粉和水。動手做做看，享受其中樂趣吧！請記得，只要掌握住訣竅就行了。這可不是製作火箭的科學喲！

右圖：四代同堂齊做義大利麵。

新鮮雞蛋麵團的基礎食譜

可做出四人份義大利麵

設法買到提波00號麵粉，這是以細篩過濾的極細麵粉，通常用在製作雞蛋義大利麵或蛋糕。它在義大利叫做farina di grano tenero，也就是「柔細」或「柔軟」的麵粉。我通常會像以下食譜一樣，使用雞蛋做義大利麵。你可以用6顆蛋，如果想讓麵吃起來口味更香濃、看起來顏色更黃，就用12顆蛋黃。

600公克／11磅又6盎司提波麵粉
6顆全蛋或12顆蛋黃，建議使用有機雞蛋

把麵粉放在檯子上或碗裡。在中央挖個洞，把蛋打進去。用叉子把蛋打勻後和麵粉混和在一起，盡量讓麵團不要太黏。然後雙手沾上麵粉開始揉麵。這是你發洩情緒的大好時機，所以盡情揉吧！最後你要把它揉成光滑有彈性的麵團。用保鮮膜蓋住麵團，在冰箱裡醒約半小時，然後就可以擀開並做成各種形狀。

pasta alla norma
諾瑪義大利麵

這是道傳統的西西里義大利麵，那裡的每個人都是吃這種麵長大的（諾瑪是何許人物，我一點頭緒也沒有，但我敢說她一定是位很讚的老太太！）我特別喜歡這個版本的作法，因為它是把茄子切成長條而非切丁，不知怎的這樣吃起來好像口感不同。而且煎茄子時加入奧勒岡，味道也很搭。在西西里，這道菜會在最後放入鹹味瑞可達乳酪──如今，即便我在倫敦可以很容易取得這種乳酪，你還是有可能買不到，因此你可以換成帕馬森或佩科里諾乳酪。附帶一提，在照片上的那盤麵，我沒有用比較硬的鹹味乳酪，而是把新鮮的瑞科達乳酪捏碎撒在麵上，因為吃起來一樣可口。

2個結實的茄子
初榨橄欖油
1湯匙乾奧勒岡
依個人喜好加入：1條辣椒乾，捏碎
4瓣大蒜，剝皮後切薄片
1大束新鮮羅勒，保留葉子，把莖切碎
1茶匙品質好的香草醋或白酒醋

400公克上等李子番茄丁罐頭2罐，或565ml／1品脫
濃縮番茄糊
海鹽與現磨黑胡椒
455克／1磅乾細麵
150克／5又1/2盎司鹹味瑞科達乳酪、佩科里諾乳酪或帕馬森乾酪，刨絲

首先，把你可口結實的茄子縱切成4等分。如果茄子中心膨鬆多子，就切下來丟掉。然後再把茄子條橫切成手指大小。加熱大的平底不沾鍋，倒點油。把茄子分兩批下鍋煎，需要的話再加點初榨橄欖油（不過別弄得太油）。翻炒一下，讓油沾滿每一片茄子，接著撒點乾奧勒岡──這麼一來茄子就會美味無比。用夾子把茄子條翻面，煎至兩面皆呈金黃色。第一批煎好後放到盤子裡，用同樣方法煎第二批。

都煎好以後，把第一批茄子放回平底鍋裡──有時候我會在這個步驟偷偷放點辣椒乾，不過這只是我個人的癮頭，你大可略過不用。轉成中火，再加點油、大蒜和羅勒莖。攪拌一下，讓所有食材均勻烹煮，然後加入1大匙香草醋和番茄罐頭──你可以把番茄切碎或用食物處理機打碎，免得太大塊。用小火煮10到15分鐘，然後嚐嚐口味，斟酌加入鹽和黑胡椒，調整味道。把一半羅勒葉斯碎加入醬汁裡攪拌均勻。

依照麵條包裝上的說明，把你的細麵放進一鍋加了鹽的沸水裡，煮到彈牙的程度，用濾盆瀝乾，保留一點點煮麵的水，然後再放回鍋裡。加入諾瑪醬汁和煮麵水，開火拌勻。試試麵的味道，調整鹽和黑胡椒用量，然後用杓子把每一人份的麵分別舀到盤子裡。留在平底鍋裡的醬汁全都可以澆在麵上。撒上剩下的羅勒葉，刨入乳酪，滴點橄欖油。

linguine alla carbonara di salsiccia

卡伯納拉香腸細扁麵

四人份

　　這很像是拿來當早餐的義大利麵，它真是好吃極了！如果你嗜吃香腸和雞蛋，你就會喜歡這種組合。它不只看起來美，做起來也很快。香滑的蛋汁和炒蛋之間只有一線之隔——這兩樣都很好吃，但香滑的蛋汁更叫人嚮往。

4條有機義大利香腸	100毫升／3又1/2盎司高脂鮮奶油
橄欖油	100毫升／3又1/2盎司現刨帕馬森乾酪
4片厚切義大利培根，切丁	1顆檸檬的皮磨成碎屑
海鹽與現磨黑胡椒	1根新鮮扁葉荷蘭芹，切碎
455公克／11磅乾的細扁麵	初榨橄欖油
4大顆蛋黃，建議使用有機雞蛋	

　　用很利的刀子把香腸皮縱向剖開，擠出肉來。用濕的手把香腸肉揉成大約是大彈珠大小的球狀，放在一旁備用。

　　加熱大平底鍋，倒入少許橄欖油。用小火把香腸肉球煎成均勻的焦黃色，然後加入義大利培根，再煎幾分鐘。煎肉球的同時，煮一鍋加鹽的沸水，放進細扁麵，依照麵條包裝上的時間煮熟。

　　在一個大碗裡把蛋黃、高脂鮮奶油、一半帕馬森乾酪、荷蘭芹和檸檬皮碎屑打勻。麵煮好後用濾盆瀝乾，保留少許煮麵水，然後立刻將麵和蛋汁都倒進平底鍋裡快速攪拌。細扁麵的熱度會將蛋煮到微熟，不過蛋只會略微凝固，不會變成炒蛋。煮出來的醬汁應該很滑潤順口。如果整盤麵太濃稠了些，就加幾湯匙煮麵水稀釋。撒入剩下的帕馬森乾酪，必要的話用鹽和黑胡椒調味，然後滴幾滴初榨橄欖油就可以上桌了。請馬上吃掉！

linguine con cozze di nonno

康塔羅爺爺的淡菜細扁麵

一人份

　　康塔羅爺爺是我良師兼益友傑納羅的父親，但在這位爺爺眼裡，他把我當成是他孫子！（隨你怎麼想吧！）當我來到阿瑪非海岸的美麗小鎮米諾利時，我們一一回溯傑納羅年少時的足跡。我們往山上走，往海邊去，見到他所有的好朋友，真是太棒了。每個人都認識傑納羅，當然啦，每個人也都認識康塔羅爺爺。他已經九十六歲，步伐有些緩慢，但是頭腦跟你我一樣靈光——可別讓他聊起戰爭，因為他會講個沒完。我很驚訝地發現爺爺一個人住，而且還聽說雖然有需要的話，總是會有朋友和家人在身邊幫忙他，但他依然每天自己煮飯，這讓我大為感動。他最喜歡煮給自己吃的就是淡菜麵，所以我要把他解釋給我聽的食譜，一步一步詳細說給你們聽。

　　爺爺先煮一鍋加了鹽的沸水。如果有人來看他，他就會叫他們去海裡拿些海水來，因為海水能煮出這道麵的正宗口味。他倒些初榨橄欖油在另一個小平底鍋裡，開中火，加幾瓣大蒜，少許辣椒末（別加太多）還有一條鯷魚。再來拿6顆熟透的櫻桃番茄，在煎大蒜的同時把番茄對切後擠到平底鍋裡。這時爺爺會在滾水裡放進55公克／2盎司細扁麵，不過我會建議你加100公克／3又1/2盎司。大蒜應該很快就焦黃了，但你還需要足夠融化鯷魚的熱度。番茄和油的湯汁會煮出鮮美而簡單的醬汁。現在把一大把洗好去鬚的淡菜加到平底鍋裡。爺爺吃得出買來的養殖淡菜和野生淡菜的差別，所以他派我去海邊撿淡菜！野生淡菜稍小一點，但他是對的——這些淡菜風味絕佳，因此吃野生的小塊肉比吃大塊養殖肉值得多了！把平底鍋晃一晃，然後蓋上蓋子把淡菜煮到開口。一如通常烹煮淡菜的原則，如果煮完還有些殼沒有打開，就把沒開的都丟掉。在鍋裡加一把切碎的荷蘭芹。

　　此刻細扁麵應該只差一點就煮到彈牙的熟度，只需要再1分鐘就煮好了。爺爺喜歡把麵瀝乾，但保留少許煮麵水，然後他把麵倒回大鍋裡，把淡菜倒在上面，均勻混和鍋裡的食材。接著他開小火再煮1、2分鐘，把麵煮得恰到好處——麵條會把美味的淡菜汁都吸進去。煮好後他滴幾滴橄欖油，用鹽和胡椒調味，就可以立刻端上桌。

spaghetti con calamari

烏賊細麵

四人份

這是一道很棒的西西里風味義大利麵，作法十分簡單，但看起來卻又奢華高檔！

橄欖油
1球茴香，切碎，留下前端鬚狀葉
2瓣大蒜，剝皮後切薄片
2茶匙茴香籽，碾碎
1大杯義大利白酒
1條新鮮紅辣椒，去籽後切薄片

4條小烏賊，洗淨後切成圈狀，完整保留觸鬚
455公克／11磅乾細麵或細扁麵
海鹽與現磨黑胡椒
初榨橄欖油
1小把新鮮扁葉荷蘭芹，將葉子切碎
1顆檸檬皮的碎屑

煮麵之前，把所有食材準備好再開始。

　　在一個熱透的大平底鍋或湯鍋裡倒入一些橄欖油。把鍋子晃一晃，加入切好的茴香、大蒜和茴香籽。用中火炒5分鐘，且儘可能地持續翻炒。把火開大，加入白酒、辣椒和烏賊。繼續攪拌，直到酒精蒸發，鍋內液體剩下一半。然後把火關小慢燉，並在加了鹽的沸水裡，依照包裝說明煮義大利麵。

　　稍後試試湯汁的味道，然後用鹽和黑胡椒調整一下。等義大利麵煮至彈牙時，用濾盆將水瀝乾，留下一些煮麵水。將麵立刻倒進鍋裡和烏賊以及湯汁拌勻。把鍋子離火，加入5湯匙上等初榨橄欖油、茴香頂上的葉子和荷蘭芹。把鍋裡所有東西攪拌均勻，再嚐嚐味道，調整鹹淡，需要的話加入少許留下的煮麵水稀釋湯汁，接著就可以把麵分成4碗。每個盤子裡撒一點檸檬皮碎屑，立刻享用！

rotolo di zucca e ricotta

菠菜、南瓜與瑞科塔乳酪麵捲

六人份

麵捲是一道非常特殊的義大利麵。製作麵捲比其他義大利麵要費時一些，但卻很值得，因為吃麵捲是那麼地讓人愉悅——如果你想引起客人的注意，它的確是一道精彩絕倫的菜餚。不過我會建議你，在聚會的一個禮拜以前就開始練習做！而且你一定要準備一個非常大的鍋子，最好是能用長橢圓形的煮魚鍋來做（就是這道菜，讓我步上寫書之路和開始從事各式各樣的工作，因為許多年以前，我在一部紀錄影片拍攝的場景背後煮這道麵時被發掘，因此它永遠在我心中！）

455公克／11磅新鮮雞蛋麵團（見102頁）

1/2顆冬南瓜，對切後去籽

橄欖油

1茶匙芫荽籽

1茶匙茴香籽

1/2條紅辣椒乾

海鹽與現磨黑胡椒

1把新鮮馬鬱蘭或奧勒岡，摘下葉子

2瓣大蒜，剝皮後切薄片

800公克／1又3/4磅菠菜，洗淨

250公克無鹽鮮奶油1塊

1/3顆肉荳蔻，磨成粉

150公克／5又1/2盎司掰成碎塊的瑞科達乳酪

55公克／2盎司現刨帕馬森乾酪，另準備一些上桌時刨入麵中

約20片新鮮鼠尾草葉

首先製作雞蛋麵團。將烤箱預熱至攝氏220度／華氏425度／瓦斯爐刻度7。把冬南瓜切成塊，抹上少許橄欖油。把芫荽籽、茴香籽和辣椒放在研缽和杵裡，加上一大撮鹽巴和胡椒一起搗碎。把搗好的粉末撒在南瓜塊上，放進大小剛好、可放入烤箱的盤子裡或烤盤裡，用一張沾濕的防油紙蓋住。把烤盤放進烤箱裡烤大約30分鐘，然後把防油紙拿掉，讓南瓜再烤15到20分鐘，烤至南瓜呈金黃色。烤南瓜的同時，將一個大平底鍋加熱，放一點橄欖油、馬鬱蘭或奧勒岡，還有大蒜。把鍋子晃一晃，炒約20秒後加入菠菜。菠菜加熱時會出水，不過沒關係，我們待會兒會把水煮乾。用夾子迅速翻炒菠菜，1分鐘後加入幾球奶油和肉荳蔻，稍微攪拌一下。繼續煮到收汁，用鹽與黑胡椒調味後放涼。

你可以用製麵機把麵團做成4到5張長麵皮（15x30公分／6x12英吋寬），然後把麵皮用一點水黏起來，或者像我一樣自己擀。將麵團放在一個大檯面上，表面和底下都撒上麵粉，用擀麵棍向兩邊擀開。盡量擀成方形，必要的話把邊修整齊。把麵皮擀成啤酒墊的厚度、廚房手巾大小，然後放在一條乾淨的廚房手巾上。擀好後用湯匙把南瓜舀起來，沿著麵皮靠近你的長邊上放一排南瓜餡。把菠菜撒在其餘的空位，前端留5公分／2英吋不放任何東西。把瑞科達乳酪掰碎撒在波菜上，刨入帕馬森乾酪，就可以開始捲麵皮了！在沒有餡料的麵皮上刷一點水，然後很小心地用靠近你那一側的廚房手巾把麵皮往外捲，捲成像瑞士蛋糕捲一樣。把麵捲包在手巾裡，兩端用繩子捆緊。你還可以在中間綁幾圈，把這香腸狀的麵捲固定得更牢。麵捲一端多綁條繩子，煮的時候繩子垂在鍋子外面，可以用來當作把手。

接著來煮麵捲，把煮魚鍋或大鍋子連蓋子一起拿出來，裝滿加鹽的滾水。把煮魚鍋裡的架子放進去，再放上麵捲，免得麵捲泡在水裡。如果用的是大鍋子，就把麵捲裝在盤子裡放進去。用小火煮25分鐘。

煮麵捲同時你要淨化奶油。作法是把剩下的奶油放在可以進烤箱的盤子裡，用足夠把盤子加熱就好的低溫（攝氏80度／華氏170度）在烤箱裡烤。烤10到15分鐘後奶油會融化，你就可以看到白色的乳清沈澱在底下。把懸浮在表面的所有白色渣滓丟掉，然後舀出清澈的金黃色奶油，放在一旁備用。把乳清丟掉。你不需要用到全部奶油，但是比這量還少的奶油很難拿來淨化。你可以把多的奶油放冰箱裡，下次烤馬鈴薯時用。

把奶油的乳清丟掉以後，就可以放心加熱奶油。把3湯匙淨化過的奶油放進平底鍋裡加熱。加一片鼠尾草進去，試試看奶油是否夠熱；如果這片葉子煎得滋滋響，就把全部的鼠尾草葉加進去煎約30秒，將鼠尾草煎酥，然後離火備用。

麵捲烤好後，小心把它從鍋裡取出，解開繩子，打開廚房手巾後把麵捲切片，每一個人分幾片麵捲。丟幾葉鼠尾草在麵捲上，滴一點鼠尾草奶油，最後撒上少許現刨的帕馬森乾酪。這真是難以置信的美味！

在義大利中部馬爾凱行政區
舉辦的義大利麵大賽

pasta con sarde

沙丁魚麵

四人份

沙丁魚麵是西西里名菜，那裡每一個人都是從小吃這種義大利麵長大的。沙丁魚是市場裡最便宜的魚類之一，不誇張，牠真的是蝦子這類較昂貴海鮮價格的十分之一。所以這是一道貨真價實的cucina povera（農民菜）。

我在許許多多餐廳裡吃過這道菜，其中最好吃的麵看起來黑漆漆的很噁心，因為沙丁魚煮了以後縮得太小了。最好的作法是留幾片魚下來，在煮到最後幾分鐘時才放到麵上。如此你既有美味濃郁的魚香味，也會有漂亮的沙丁魚片。煮出來的沙丁魚麵吃得出洋蔥的微甜和辣椒的香辣味，保證能讓你胃口大開。我也吃過加了番茄丁的，這種作法也很棒，你絕對該試試看，不過以下是最基本的沙丁魚麵食譜。

橄欖油
1大球茴香，切去頭尾後切碎，保留前端的鬍狀葉
2小顆洋蔥，切碎
1尖茶匙茴香籽，搗碎
2或3小條新鮮紅辣椒，切碎
600公克／11磅沙丁魚，去鱗去內臟後切成片
70公克／2又1/2盎司／4湯匙松子

20公克／1/2盎司／2湯匙葡萄乾
1酒杯白酒
海鹽與現磨黑胡椒
初榨橄欖油
455公克／11磅乾燥的細空心圓麵、細麵或細扁麵
1或2顆檸檬，將皮刨成碎屑並擠汁

在平底鍋裡加6湯匙橄欖油後開火。加入茴香、洋蔥、茴香籽和辣椒，鍋蓋微開，用很小的火炒約20分鐘，但不要把蔬菜炒得太焦。你要把洋蔥和茴香炒至色澤金黃，這樣味道才香。加入松子、葡萄乾和一半份量的沙丁魚攪拌均勻。把鍋蓋蓋上，繼續用小火慢煮10分鐘，不時攪拌並將魚肉和蔬菜搗爛，讓沙丁魚肉散開，煮成濃郁的義大利麵醬。

加入白酒和一杯水，煮到水收乾一半，然後把火關到極小。這時可以用鹽和黑胡椒調味，然後把剩下的沙丁魚片魚皮朝上並排鋪在醬上面，滴少許初榨橄欖油。這時候再把鍋蓋蓋上，把火關小，讓很薄的沙丁魚片能和煮麵條的時間內同時煮熟——大約7到10分鐘。不要再去動醬汁；不要攪拌，讓它繼續煮就好。把麵條拿出來，依照包裝上說明的時間煮麵。將麵煮至彈牙，瀝乾，和沙丁魚醬拌在一起，滴少許初榨橄欖油，擠一大把檸檬汁，撒入切碎的新鮮茴香葉。把麵分成4盤，用夾子把麵在盤子裡捲起來，請記得要舀些濃稠的醬汁在麵上。再多撒些茴香葉和檸檬皮碎屑，立刻上桌，並搭配一杯好喝的西西里白酒。

pici con ragù

托斯卡尼式番茄肉醬粗圓麵

四人份

　　這種叫粗圓麵的義大利麵是安德莉亞娜做給我吃的，她是佩托羅莊園裡的女傭。她示範怎麼做粗圓麵，看起來不可思議地簡單。在揉粗圓麵時，記得要準備幾根細的木籤在手邊，然後用你的指尖輕輕地往下壓就行了。

粗圓麵團

455公克／11磅磨得很細的粗粒小麥粉

約200毫升／7液態盎司的水

番茄肉醬

橄欖油

1顆紅洋蔥，剝皮後切碎

2瓣大蒜，剝皮後切碎

3片月桂葉

1根新鮮迷迭香

500公克／1磅又2盎司牛絞肉或小牛肉絞肉

400公克上等李子番茄罐頭4罐

海鹽與現磨黑胡椒

1塊帕馬森乾酪，上桌時刨絲用

　　把麵粉放在碗裡，分次加入少許冷水，直到可以形成硬麵團為止。麵團愈乾，之後就愈容易擀開。在乾淨的檯面上撒些麵粉，將麵團揉約10分鐘，揉至表面光滑不黏手。把麵團包在保鮮膜裡放進冰箱，要用時再拿出來。

　　抓一團柳橙大小的麵團，在撒上少許麵粉的檯面上，用手把麵團揉成細長香腸的形狀。揉成大約直徑2公分／1英吋時，就把麵團分成每段3公分／1又1/4英吋，最後就有一堆短短的小塊麵團。

　　記得要讓桌子或砧板保持乾燥而沒有麵粉的狀態，否則會很難擀麵，同時在一旁放條濕毛巾把手弄濕。找一根1公釐粗、15公分／6英吋長的木籤，拿住兩端，縱向壓在一塊麵團上，好像要把它從中間切成兩半似的。把木籤壓到一半時，輕輕地用指尖把麵團滾過木籤。你應該可以擀出一條很細的、香腸形狀義大利麵，木籤包在中間。把麵滾成比香菸還細時就停下來，小心把木籤拉出來，你只能拉出木籤，不要動到麵團。把木籤轉動一下會比較好拉出來。最後的成品是細長中空的麵條。重複這個動作把麵團用完，將粗圓麵條排在托盤上，撒一些粗粒小麥粉，在拿來煮之前稍微風乾。

等你把所有麵條排在托盤上、撒好粗粒小麥粉之後,就可以開始煮醬汁。拿一個裝得下所有醬汁材料的大鍋子,加些橄欖油,把洋蔥和大蒜切碎,用小火慢炒約10分鐘,煮至變軟並略呈焦黃。加入月桂葉、整根迷迭香、牛絞肉或小牛絞肉,還有罐頭番茄。攪拌均勻後開大火煮滾。隨後把火關小,蓋上鍋蓋,用小火燉煮2小時。如果番茄醬開始變稠,就加一點熱水攪拌均勻。用鹽和現磨黑胡椒仔細調味。用夾子把月桂葉和迷迭香夾出來丟掉。

在一鍋加鹽的滾水裡將粗圓麵煮約10至15分鐘,直到麵煮透但還是彈牙的熟度。把麵瀝乾,拌入熱騰騰的番茄醬裡。加一些橄欖油,先嚐嚐味道,需要的話再次調味。上桌時搭配大量現刨的帕馬森乾酪。

fazzoletti di seta al pesto

絲綢手帕青醬麵

四人份

義大利的每個村莊都各有將麵團擀成不同形狀麵條的作法。在力古里亞海岸他們稱這形狀為「絲綢手帕」，因為這種麵吃起來輕薄細緻。

1份青醬食譜（見148頁）
455公克／1磅新鮮雞蛋麵團（見102頁）
撒在檯面上的麵粉

1把新鮮羅勒葉，撕碎
100公克／3又1/2盎司現刨佩柯里諾乳酪，另準備
少許上桌時加入

首先製作青醬。然後揉雞蛋麵團，把麵團用製麵機擀成2公釐的厚度。把擀好的長麵皮放在撒滿麵粉的檯面上。用刀子或切麵的滾輪把麵皮切成長方形，大約是啤酒墊大小。

在大鍋裡把義大利麵放在加鹽的滾水中煮約3分鐘，煮到恰好熟為止，然後把麵瀝乾，留少許煮麵的水。把麵和青醬、撕碎的羅勒葉還有佩柯里諾乳酪一起拌均勻。嚐嚐味道，需要的話就用鹽和黑胡椒調味，如果需要稍微稀釋醬汁，就加幾湯匙煮麵水。上桌時再加些佩柯里諾乳酪，然後立刻享用！

spaghetti tetrazzini

焗烤雞肉野菇細麵

四人份

我還記得有一次在我爸媽經營的酒吧外面遇到一對可愛的老夫婦，他們聽說我要去義大利之後，就叫我務必要煮火雞焗烤麵——我根本搞不清楚他們說的是什麼玩意兒。結果偶然間我在一本舊義大利食譜上看到一份雞肉焗烤麵的食譜，很棒——雖然很寒酸但卻好吃極了！以下是我的版本：

20公克／1小把乾牛肝蕈菇

橄欖油

4隻雞腿，去骨去皮後切成一口大小

海鹽與現磨黑胡椒

2瓣大蒜，剝皮後切薄片

350公克／2把各種新鮮菇類，洗淨後撕碎

200毫升／7液態盎司白酒

455公克／1磅乾細麵

500毫升／18液態盎司高脂鮮奶油

200公克／7盎司帕馬森乾酪，刨絲

1根新鮮羅勒，摘下葉子

將烤箱預熱至攝氏200度／華氏400度／瓦斯爐刻度6。把牛肝蕈菇放在碗裡，倒入剛好淹過菇的滾水（大約150毫升／5又1/2液態盎司）。把牛肝蕈菇放在一旁浸泡幾分鐘。拿一只放得下所有食材的深鍋，開火，倒一些橄欖油。用鹽和黑胡椒把雞調味後用小火在油裡煎至焦黃。將牛肝蕈的水濾出後留下來，把牛肝蕈、大蒜和新鮮菇類一起加到鍋裡。加入白酒和浸泡牛肝蕈的水之後，把火關小。用小火煮至雞肉熟透，酒蒸發掉一些為止。

同時將義大利麵放進大量加鹽的滾水裡，依照包裝上的說明煮熟並瀝乾。在煮雞的鍋裡加入高脂鮮奶油，先開大火煮滾，再把火關掉。用海鹽和現磨黑胡椒仔細調味。把瀝乾的細麵加到滑潤的雞肉醬汁裡翻炒一下。加入3/4的帕馬森乾酪和所有羅勒葉，攪拌均勻。把麵移到可進烤箱的烤盤或不沾鍋裡，撒上剩餘的一半乳酪，烤至冒泡而且焦脆金黃。將雞肉野菇麵分裝到盤子裡，上桌前滴幾滴初榨橄欖油，撒上剩餘的帕馬森乾酪。

pasta al forno con pomodori e mozzarella

焗烤番茄與莫札瑞拉乳酪貓耳麵

四人份

　　這道麵食在義大利各地都很受歡迎。義大利家庭在聚會或節慶時都會吃這道菜。我去拜訪過位於羅馬城外的法爾法修道院，裡面的那些僧侶也把這道菜當作星期天的午餐特別菜色。我很高興地說我對這道菜已經恢復信心，因為沒多久前我確實對它很倒胃口（原因在於去年一整年間，我想辦法以37便士的低經費在學校裡煮這道菜，我必須用全世界最便宜的義大利麵條）。在普利亞行政區的阿爾塔穆拉時，我拜訪了一所午餐吃焗烤義大利麵的學校。真是有夠怪的！不過，義大利政府的法律規定，學校必須使用有機義大利麵和初榨橄欖油，而他們吃的也是很新鮮的莫札瑞拉乳酪！如果用的是這種好食材，這道菜絕對會好吃。以下就是我去拜訪那所學校時，替一千個孩童煮的焗烤義大利麵食譜，它真的是非常、非常美味。

海鹽與現磨黑胡椒
初榨橄欖油
1顆白洋蔥，剝皮後切碎
2瓣大蒜，剝皮後切薄片
1或2條紅辣椒乾，捏碎
1.5公斤／3又1/2磅成熟番茄或400公克上等李子番茄3罐

1大把新鮮羅勒葉
依個人喜好加入：1湯匙紅酒醋
400公克／14盎司乾燥貓耳麵
4大把現磨帕馬森乾酪
150公克莫札瑞拉乳酪3球

　　預熱烤箱至攝氏200度／華氏400度／瓦斯爐刻度6，將一大鍋加鹽的水煮滾。在大小適中的平底鍋裡加一些上等初榨橄欖油、洋蔥、大蒜和辣椒末，用中火至小火慢炒約10分鐘，至蔬菜變軟但不要變成焦黃色。如果用的是新鮮番茄，請用小刀尖端把番茄的蒂頭挖掉，丟進滾水裡煮約40秒，煮到皮肉分離，然後用有洞的湯匙或濾盆舀出番茄，並且將鍋子離火。

　　將番茄放在碗裡沖冷水，然後把皮剝掉，擠出籽，約略切塊。把新鮮番茄或罐頭番茄加到洋蔥和大蒜裡，再加一小杯水。開大火煮滾後用小火煮約20分鐘。接著把蔬菜放進食物處理機或果汁機裡打成糊狀的醬。把羅勒葉撕碎加入醬中，用鹽、黑胡椒和少許紅酒醋調整味道。

　　如果打好的醬汁吃起來味道恰到好處，就把煮番茄的水再煮滾，加入貓耳麵，依照包裝上的說明把麵煮好，瀝乾後拌入一半份量的番茄醬和1把帕馬森乾酪。拿一個大小適中的烤盤、平底鍋或陶盤，上面抹點橄欖油。在盤裡鋪一些麵，再鋪一層番茄醬，撒一把刨碎的帕馬森乾酪和1球切片的莫札瑞拉乳酪，然後重複這個順序往上疊，直到所有食材用完為止，最上面一層鋪上乳酪。把麵丟進預熱的烤箱裡烤15分鐘或烤至冒泡並且金黃酥脆。義大利人似乎比較喜歡將這道麵放到和室溫一樣或冰涼涼地才吃，但我比較喜歡吃熱騰騰的。

spaghetti con gamberetti e rucola

鮮蝦芝麻菜義大利麵

四人份

　　這道菜出現在一個叫岡朵拉的小餐廳的菜單上，這餐廳位於巴勒摩最荒涼的一區。我認為這道麵裡各種味道的組合很棒，而且都是我們家鄉英國買得到的食材。如今你可以在超市買到高品質的冷凍蝦子，這是個雙贏的局面，但如果你能買到非常新鮮的蝦子來自己剝殼，麵的風味頓時會變得非常奢華。它是一道人見人愛的義大利麵。最後加入上等橄欖油和充滿香氣的野生芝麻菜，吃了會讓你開懷大笑。PS 如果用的是冷凍蝦子，使用前請先解凍。

455公克／1磅乾燥細麵　　　　　　　　400公克／14盎司剝殼生蝦
海鹽與現磨黑胡椒　　　　　　　　　　1小酒杯白酒
初榨橄欖油　　　　　　　　　　　　　2尖湯匙番茄乾糊，或6顆番茄乾在攪拌器裡打碎
2瓣大蒜，剝皮後切碎　　　　　　　　1顆檸檬的皮磨成碎屑
1-2條紅辣椒乾，捏碎　　　　　　　　2把芝麻菜，約略切碎

　　依照包裝上的說明，在大鍋裡用加鹽的滾水把細麵煮熟。同時在大炒鍋裡加熱3大滴初榨橄欖油，丟進大蒜和辣椒。大蒜開始變焦黃時，加入蝦子煎幾分鐘。加入白酒和番茄糊，用小火煮幾分鐘。細麵煮好後用濾盆瀝乾，保留少許煮麵水。把義大利麵加入醬汁翻炒一下，擠入檸檬汁，加一半切碎的芝麻菜。如果你想稍微稀釋醬汁，就加入少許煮麵水，然後調味。把麵分裝在4個盤子裡，撒上刨碎的檸檬皮和剩餘的芝麻菜葉。

pasta con acciughe e pomodoro

鯷魚番茄醬細皺摺麵

四人份

　　這是西西里島巴勒摩市的窮苦人家吃的麵。你可以用寬扁麵或細麵，但如果你找得到細皺摺麵最好——它看起來很像細麵，只是邊緣有皺摺。醬汁風味十足，加了葡萄乾和松子變得更有西西里風。

　　PS 在此我要感謝我的好友、這本書的最佳藝術指導約翰·漢彌頓，他和我在西西里一起煮這道麵。他煮麵時小心翼翼、全神貫注地盯著它看，我以為這道麵要變成石頭了！你可以從圖片上看出，即使是這位從蘇格蘭格拉斯哥市來的怪咖，都能做出如此美麗精緻的一盤麵。

6湯匙橄欖油
4瓣大蒜，剝皮後切薄片
2大把松子
1大把葡萄乾
12條鹽醃鯷魚

3尖湯匙番茄泥
1大酒杯紅酒
100公克／3又1/2盎司隔夜麵包屑
455公克／1磅乾燥細縐折麵

　　加熱平底鍋，加入橄欖油，再放進大蒜片慢煎。等大蒜開始變色，加入松子、葡萄乾和鯷魚，繼續煎2分鐘，煎至鯷魚融化。加入番茄泥和白酒攪拌均勻。用中火煮3分鐘。醬汁應該像番茄糊那樣，非常濃稠，但如果你覺得需要稍微稀釋，就加一點水。在另一個鍋子裡熱少許油，加入麵包屑煎一煎，烤成金黃酥脆後放在廚房紙巾上冷卻。煎麵包屑的同時，把細皺摺麵放在加鹽的滾水裡，依包裝上的說明煮熟。把麵瀝乾，和醬汁拌在一起。調味後把麵分裝在4個盤子裡，用夾子把麵在盤子裡捲高起來。上桌時撒點麵包屑。

spaghetti alla trapanese
特拉平尼式細麵

四人份

好啦，飢腸轆轆的各位——它會是你往後最愛的義大利麵！這道麵是用西西里西海岸的特拉平尼人做的一種青醬煮出來的，和細麵很搭。加上熟透的櫻桃番茄最好吃，但我的櫻桃番茄用完了，所以照片上的麵裡我用的是一般番茄。在用滾水煮義大利麵時就可以做好醬汁。我喜歡用杵和研缽做青醬，但我也用過食物處理機，效果一樣好。

455公克／1磅乾燥義大利麵
海鹽與現磨黑胡椒
150公克／5又1/2盎司杏仁，去皮或不去皮都可以
1瓣大蒜
4大把新鮮羅勒，摘下葉子

150公克／5又1/2盎司現刨佩柯里諾乳酪或帕馬森乾酪
初榨橄欖油
600公克／1磅又6盎司番茄，切半

依照包裝上的說明，在加鹽的滾水裡煮細麵。同時，在乾的平底鍋裡把杏仁稍微烤熱，然後用杵和研缽或用食物處理機搗碎，搗成粗粒粉狀後放進碗裡。把大蒜和羅勒分別放進研缽裡搗碎後和杏仁在碗裡混和，再加入佩柯里諾乳酪或帕馬森乾酪、一些橄欖油以及少許鹽和胡椒。加入番茄，然後用手盡量碾壓番茄，好讓番茄和杏仁粉混和，直到把番茄完全壓爛為止。再用少許初榨橄欖油稀釋，然後和瀝乾的熱麵拌在一起。試一下鹹淡，調味完成後把麵分裝在4個盤子裡，再把鍋裡剩下的醬汁舀在麵上。

在托斯卡尼的佩托羅莊園
替摘葡萄工人做午餐

lasagne alla cacciatora

獵人千層麵

六人份

這是我替佩托羅莊園的摘葡萄工人做的午餐食譜。如果你不想用5種不同的肉，也可以只用1或2種。請參考240頁的綜合烤肉食譜，並根據當季可取得的肉品種類來搭配。這道食譜需要用600公克／1磅又6盎司撕成條狀的烤肉來做；以下是你所選擇的動物身上有多少肉的粗略估算：1隻母雉雞重約310-400公克／11-14盎司，1隻鴨重約400-500公克／14-18盎司，1隻鴿子重約100-140公克／3又1/2盎司-5盎司，1隻野兔重約400-500公克／14-18盎司。你可以向肉販詢問，買到適合的重量和部位。

600公克／1磅又6盎司撕成條狀的烤肉（見以上說明）
455公克／1磅新鮮雞蛋麵團（見86頁）
帕馬森乾酪，上桌時刨在麵上
150公克莫札瑞拉乳酪2球，掰成塊狀
1把新鮮鼠尾草葉
橄欖油

番茄醬食材

橄欖油
3瓣大蒜，剝皮後切片
1根新鮮迷迭香
3片月桂葉

400公克上等李子番茄罐頭3罐

白醬食材

1公升／1又3/4品脫牛奶
1根新鮮荷蘭芹
1撮肉荳蔻粉
1/2顆洋蔥，剝皮後切片
6顆黑胡椒
80公克／2又3/4盎司奶油
150公克／5又1/2盎司現刨帕馬森乾酪
海鹽與現磨黑胡椒

預熱烤箱至攝氏220度／華氏425度／瓦斯爐刻度7。把肉放進去烤，然後揉雞蛋麵團。把烤熟的肉從烤箱中取出。冷卻後把所有的肉都從骨頭上撕下來，和烤得很脆的皮一起放在碗裡，把其餘不脆的皮和所有骨頭都丟掉。

熱鍋後加入一些橄欖油。用小火將大蒜煎至略呈金黃色，然後加入迷迭香、月桂葉和番茄，蓋上鍋蓋用小火慢燉45分鐘。番茄差不多煮好時，把牛奶、荷蘭芹、肉荳蔻、洋蔥和黑胡椒放到另一個鍋子裡，用小火煮滾。在第三個鍋子裡融化奶油，加入麵粉攪拌均勻，然後把過濾好的牛奶一次一杓舀進來，攪拌均勻，最後成為濃稠光滑的白醬為止。把醬用大火煮滾後用再用小火煮幾分鐘，然後離火，加入帕馬森乾酪並仔細調味。把撕成條狀的肉加入番茄醬汁裡，如果太乾就加點熱水，並用鹽和黑胡椒調味。以小火煮20分鐘，不時攪拌。最後，撈出迷迭香和月桂葉。

預熱烤箱至攝氏180度／華氏350度／瓦斯爐刻度4，把一個大烤盤塗滿奶油。在一鍋加鹽的滾水裡倒少許橄欖油，把麵團擀成約8x25公分／3x10英吋的長麵皮。在鍋裡一次燙2或3片麵皮，然後用麵

右圖：送午餐給摘葡萄工人

皮鋪滿烤盤底部,並且垂掛在烤盤邊緣。麵皮上先鋪番茄肉醬,再鋪白醬,然後撒上帕馬森乾酪,重複同樣步驟,直到把肉用完為止。留些足夠的白醬鋪在最後一層,然後把垂在邊緣的麵皮往裡折,蓋在白醬上。撒上帕馬森乾酪,掰些莫札瑞拉乳酪放上去,隨意放些鼠尾草,滴幾滴橄欖油。在預熱的烤箱裡烤約45分鐘,烤至呈金黃色。

用完午餐後酒足飯飽、
心滿意足的摘葡萄工人

義大利燉飯

　　你絕對會愛上這一章。在我看來，它收錄了幾種我煮過口味最重的義大利燉飯食譜。我得老實跟你說——這些食譜其實並不是跟義大利老媽或爺爺學來的，即使作法的確是傳統的義大利老媽風格；我只不過是拿在市場上剛好看到很棒的食材來煮。不過這當然就是重點所在。這些飯看起來美觀，吃起來美味，每盤我都很滿意。就拿白義大利燉飯搭配荷蘭芹末與烤洋菇來說，這種組合賦予基本的白義大利燉飯一種不同風味，太、太好吃了！（如果義大利當地的人對這些飯不以為然，我才不在乎，因為在這一章裡我認為自己是義大利燉飯達人！）

　　在義大利各地旅行時我遇過幾位年輕的媽媽，有趣的是即使許多英國人把製作義大利燉飯看成是盛大的烹調事件，這些年輕媽媽喜歡煮義大利燉飯卻是因為它超級簡單，只要20分鐘就能煮好。他們把義大利燉飯當作速食，因為在用小火燉飯的時候，你只需要每幾分鐘快速攪拌一下，這表示你可以同時做手邊的其他小事情。換句話說，煮飯的時候你不必被困在爐子前面。

　　如果你有很多時間，你可以自己煮雞高湯。不過自從三年前當上了爸爸，現在我要不就去超市買一盒新鮮的高湯，或者就在有機蔬菜高湯裡丟幾個乾的牛肝蕈，這樣高湯就香氣十足。我看過許多義大利人都這麼做，因此就算不現做高湯，我也不會覺得自己煮不出好的義大利燉飯。你也不該這麼想！

　　如果你要把義大利燉飯當作晚餐聚會的一道，煮給20個人吃並不比煮給4個人吃費事多少——你只需要把飯分裝在兩個較小的平底鍋裡，放在桌子中央，每個平底鍋裡放個湯勺。像這樣把飯放在平底鍋裡上桌可以讓飯保持濕軟。

risotto bianco
基礎燉飯

這是個很棒的基礎食譜,它可以衍生成許多不同的變化作法,成為種種味道絕佳的義大利燉飯。

1.1公升／2品脫高湯(雞、魚或蔬菜高湯,依不同
食譜搭配合適的高湯)
2湯匙橄欖油
1球奶油
1大顆洋蔥,剝皮後切碎
2瓣大蒜,剝皮後切碎
1/2顆芹菜,去頭尾後切碎

400公克／14盎司義大利米
2酒杯不甜的白苦艾酒(不甜的義大利馬丁尼或法
國諾利普拉得)或其他不甜的白酒
海鹽與現磨黑胡椒
115公克／4盎司現刨帕馬森乾酪

步驟一:在一個鍋子裡加熱高湯。在另一個鍋子裡放進橄欖油、奶油加熱,再放進洋蔥、大蒜和芹菜,用很小的火炒約15分鐘,但不要把蔬菜炒至焦黃。這叫做soffrito。等蔬菜軟了以後,加入米,把火關小。

步驟二:這時米開始輕輕地炒,請持續攪拌。1分鐘後飯看起來稍微有點透明。加入苦艾酒或白酒,繼續攪拌,飯聞起來會很香。強烈的酒精味道被蒸發,留在飯裡的是美味的精華。

步驟三:把苦艾酒或白酒煮進飯裡之後,加入第一杓熱高湯和1大撮鹽。把火關小,米的外層才不會太快煮熟。繼續一杓一杓加入高湯,持續攪拌,把滑潤的澱粉揉搓出來,讓飯先吸收第一杓高湯後,再加入另一杓高湯。整個過程大約15分鐘,然後嚐嚐看飯煮好了沒。如果還沒,繼續加入高湯,直到飯煮軟了但還是略帶嚼勁。別忘了仔細用鹽和黑胡椒調味。如果米還沒煮好高湯就用完了,加點熱開水也行。

步驟四:把飯離火,加入奶油與帕馬森乾酪攪拌均勻。把鍋子蓋起來悶2分鐘。這是煮出完美義大利燉飯最重要的步驟,飯就是在這時候變得非常滑潤濕軟;好吃的義大利燉飯吃起來就該如此。最好是趁飯還保持最佳口感時馬上就開動。

risotto bianco con pesto

青醬燉飯

　　一旦成功做出146頁的基礎燉飯後，你可以在上面加1杓現做的青醬。這裡面的味道組合起來真是棒透了。

1把松子
1/2瓣大蒜，剝皮後切塊
海鹽與現磨黑胡椒
3大把新鮮羅勒，葉子摘下後切碎

1大把現刨帕馬森乾酪
初榨橄欖油
1份基礎燉飯（見146頁）

　　首先製作青醬。把松子放在烤盤上，丟進烤箱裡烤約1分鐘——別超過時間——把松子烤熱就好，不要讓它變色。這樣能增加松子的香味。把大蒜、1小撮鹽還有羅勒葉用杵與研缽搗碎，或用食物處理機也可以。喜歡的話多加一點點大蒜，但是我通常都加1/2瓣而已。把搗碎的大蒜和羅勒移到碗裡，然後把松子也敲碎，加到大蒜羅勒裡。加入一半帕馬森乾酪輕輕攪拌，並倒些橄欖油——橄欖油的份量必須剛好能結合並稀釋磨好的粉末，形成濕黏的濃稠度。依口味加入鹽和黑胡椒，然後放入大部分剩餘乾酪。再倒一些油，嚐嚐味道。持續加入少許乾酪或橄欖油，直到你對味道和濃稠度都滿意為止。

　　接著製作基礎燉飯。在步驟四時把飯分裝在盤裡，上面舀一杓青醬。撒幾顆松子、一些現刨的帕馬森乾酪和幾片羅勒葉會更好吃。

risotto ai frutti di mare

海鮮燉飯

　　這道義大利燉飯非常特別。你要用到各式海鮮——試試紅緋魚、鮟鱇魚、海鯛、海魴、鱈魚、淡菜、蚌、蝦子和少許切片的墨魚。你可以去買魚高湯來做這道義大利燉飯，或者像我一樣自己做高湯（跟魚販要魚頭來做這高湯——他們通常把魚頭丟到垃圾桶裡，所以你應該用不著花錢買）。我的作法和一般常見的作法略有不同，我會在把骨頭和魚頭放進高湯前就把魚肉切下來，因此請耐著性子照做吧！

1.5公升／3品脫水
2小條紅蘿蔔，切大塊
3顆番茄，壓爛
1片月桂葉
1小把新鮮荷蘭芹，留1根帶葉子的枝條下來，剩餘的將葉子摘下後切碎
1.5公斤／3又1/2磅綜合海鮮（見以上說明），將魚去鱗去內臟並洗乾淨，切下頭與鰓，淡菜去鬚

1份基礎燉飯（見146頁）
1/2球茴香，切碎，留下前端鬚狀葉
1茶匙茴香籽
1撮捏碎的乾辣椒
1撮番紅花
1顆檸檬的汁

　　在大鍋子裡倒入和食譜上份量完全一樣的水，再放進紅蘿蔔、月桂葉和1根荷蘭芹枝條，把水煮滾，加入帶骨的魚，貝類與甲殼類除外。用小火煮10分鐘，然後把魚從鍋子裡取出，分開魚肉與骨頭（如果你有鱈魚頭，試著把魚頰肉弄下來，因為這是最美味的部味！）把肉放在盤子裡備用，骨頭丟回高湯幾繼續用小火煮，不要超過15分鐘，不時將湯上的浮沫撈起。同時製作基礎燉飯，在步驟一加入茴香、茴香籽、辣椒和番紅花。

　　用濾盆把高湯過濾到另一個鍋子裡，丟掉蔬菜和魚骨。把大部分魚高湯逐次加進飯裡，剩一點留到最後用。到步驟三的最後米快煮熟時，加入魚肉、貝類與甲殼類。煮3或4分鐘後貝類的殼應該開了（把沒有打開的丟掉），這時把鍋子離火。

　　煮義大利麵或燉飯時，乳酪不能和魚類煮在一起，因此上桌前不放帕馬森乾酪。在步驟四加入奶油時，試試味道，滴一大滴初榨橄欖油，擠入檸檬汁。上桌時將海鮮飯分裝在盤子裡，舀入剩下的高湯。再滴一些初榨橄欖油，撒入剩下的荷蘭芹和保留的茴香葉。

risotto ai carciofi
朝鮮薊燉飯

雖然朝鮮薊在義大利是每天都要用到的食材，在英國人們卻覺得它是種很高級的東西。這個食譜是基礎燉飯加上切成薄片的朝鮮薊，因此它散發出美妙的香氣。做這道飯必須用小顆的朝鮮薊，不是大顆的球狀朝鮮薊。義大利人把切成薄片之後的朝鮮薊和茄子等蔬菜稱做trifolati，它的意思是「像松露般的」，也就是和威化薄餅一般大小。

6顆小的或紫色的朝鮮薊
1顆檸檬的汁與皮磨成碎屑
1份基礎燉飯（見146頁）
海鹽與現磨黑胡椒

1小把新鮮薄荷，摘下葉子
初榨橄欖油
帕馬森乾酪，上桌時刨絲用

把朝鮮薊的外皮剝掉，剩下白嫩的葉子，切半後用湯匙挖去毛茸茸的心，浸在加了一半檸檬汁的水裡，拿很重的鍋蓋或防熱的盤子蓋在上面，讓朝鮮薊可以完全浸在檸檬水裡，防止它變色。

先製作基礎燉飯，在步驟三時，把6個處理過的切半朝鮮薊放進小火微滾的高湯裡煮。把剩下的6個切半朝鮮薊切成薄片，拌入飯裡。繼續把高湯加入飯中攪拌。在步驟四飯煮熟後，加入奶油和帕馬森乾酪，倒入剩下的檸檬汁並攪拌。將鍋子離火，試試調味。

把煮好的朝鮮薊從高湯裡撈出，和大部分檸檬皮、撕碎的薄荷葉和一些橄欖油拌在一起。把煮好的飯分裝成4盤，放上拌了檸檬皮、薄荷和油的朝鮮薊。澆上碗裡剩下的醬汁，撒入帕馬森乾酪和剩下的檸檬皮。

risotto ai cavolfiori

白花椰菜燉飯

六人份

　　這是一份絕對好吃的食譜。它很特別，最棒的是這道飯把深受大家喜愛的日常蔬菜白花椰菜變成主角。如果你去農夫市集或超市，找找看一種叫羅曼尼斯科的白花椰菜，它和一般白花椰菜的大小差不多，但每朵花蕾都長得尖尖的，而且是綠色。同時它非常美味。我喜歡這道飯是因為它以幾種非常經典的食材做出很棒的組合。在英國我們通常把白花椰菜和乳酪一起烤來吃，而在義大利他們會把白花椰菜加上鮮奶油、乳酪和鯷魚，上面蓋一層帕馬森乾酪去烤。這幾種味道在這道義大利燉飯裡都吃得到，再加上撒在飯裡、香脆無比的辣椒末麵包丁，味道更是來勁。

2把隔夜麵包，撕成小塊　　　　　　　　　　1份基礎燉飯
1小罐鯷魚，保留罐裡的油　　　　　　　　　海鹽與現磨黑胡椒
3小條紅辣椒乾　　　　　　　　　　　　　　帕馬森乾酪，上桌時刨絲用
初榨橄欖油　　　　　　　　　　　　　　　　1把切碎的新鮮荷蘭芹
1顆白花椰菜

　　把麵包、鯷魚、罐裡的鯷魚油和辣椒一起在食物處理機裡打碎。在熱鍋裡加點油，把調味過的麵包屑放進鍋裡煎，不時翻攪直到煎成金黃色。

　　把白花椰菜的老葉子摘去，切下花椰菜梗，把中心嫩的部分切碎。先製作基礎燉飯，在步驟一時加入切碎的白花椰菜梗、洋蔥和芹菜。把花蕾的部分加入熱高湯裡。

　　繼續照著基礎燉飯食譜做，一點一點地加入高湯，直到米煮到半熟。這時候白花椰菜的花蕾應該已經煮得很軟，所以你可以把花蕾和高湯一起加入飯裡，同時把它在飯上壓碎。持續把白花椰菜高湯加到飯裡，直到用完所有花蕾，而且飯也已經煮熟。

　　在步驟四時加入奶油和帕馬森乾酪，拌入荷蘭芹，嚐嚐看並調味。在飯上撒入鯷魚麵包屑，刨入帕馬森乾酪後就可上桌。這真是好吃極了！

risotto ai funghi e prezzemolo

荷蘭芹與烤野菇燉飯

六人份

　　這是份出色的義大利燉飯食譜，也很適合吃素的人。把野菇拿去烤，能烤非常有深度的香味，而荷蘭芹強烈清新的香氣又能巧妙地把菇的味道帶出來。相當來勁的一道，你一定愛吃！

1份基礎燉飯（見146頁）
200公克／7盎司野菇，洗淨後撕碎
橄欖油
海鹽與現磨黑胡椒
1球大蒜，蒜瓣剝皮後對切

1小把新鮮百里香，摘下葉子
1湯匙奶油
1小把新鮮扁葉荷蘭芹，切成末
1顆檸檬
帕馬森乾酪，上桌時刨絲用

　　將烤箱預熱至攝氏200度／華氏400度／瓦斯爐刻度6。在製作基礎燉飯，做到第三步驟最後時，你要加入烤野菇，因此先把一個可進烤箱的厚底平底鍋或烤盤以中火加熱，然後倒些橄欖油。將野菇煎1至2分鐘，煎至變色，然後用鹽和黑胡椒調味。加入大蒜、百里香和奶油混和均勻。把平底鍋放進預熱的烤箱，烤約6分鐘，讓野菇熟透並散發出濃郁的香味。

　　在基礎燉飯的步驟四加入奶油和帕馬森乾酪時，把所有的荷蘭芹拌入飯裡，它能讓飯變成很漂亮的綠色，並增添飯的芳香氣味。把一半烤野菇和大蒜約略切碎，拌進義大利燉飯裡，擠入一顆檸檬的汁使味道均衡。把飯分裝在盤子裡，撒入剩餘的野菇。上桌時刨入帕馬森乾酪。

risotto ai finocchi con ricotta e pepperoncino

茴香燉飯佐瑞科達乳酪與乾辣椒

六人份

　　我覺得茴香是一種美味、別緻但不常用到的蔬菜。它香甜無比，而且在這食譜裡和瑞科達乳酪很搭。請不要買許多超市在賣的品質不佳的瑞科達乳酪——你買的乳酪必須鬆軟易碎。如果找不到好的瑞科達乳酪，新鮮山羊乳酪也一樣棒得不得了。

1/2茶匙茴香籽
初榨橄欖油
2瓣大蒜，剝皮後切薄片
2球茴香，切薄片，保留頂端鬚狀葉
海鹽與現磨黑胡椒

1份基礎燉飯（見146頁）
2小條辣椒乾
4湯匙上等塊狀瑞科達乳酪
1顆檸檬的汁與皮磨成碎屑
帕馬森乾酪，上桌時刨絲用

　　把茴香籽放入研缽裡，用杵搗成粉末。加熱一個寬口的鍋子，倒少許橄欖油，把大蒜在鍋裡煎軟，然後加入搗碎的茴香籽和切薄片的茴香。加一撮鹽和黑胡椒，把火調成中低溫。蓋上鍋蓋，慢煮約20分鐘，煮至茴香軟而甜。

　　按照基礎燉飯的步驟，把米煮至半熟。在步驟三做到一半時，拌入煎好的茴香，然後繼續把燉飯煮到全熟。

　　用杵把乾辣椒在研缽裡磨成粉末。在燉飯的步驟四加入奶油和帕馬森乾酪時，也加入捏成小塊的瑞科達乳酪和檸檬皮碎屑。仔細嚐嚐鹹淡，然後倒入你覺得可以與茴香味道搭配的檸檬汁份量。把飯分裝在盤子裡，撒入茴香葉和辣椒末。上桌時刨入新鮮的帕馬森乳酪。

我生命中最令人振奮的烹調時刻—
這位牧羊人認為我的義大利燉飯是一道佳餚。

risotto con cipolle bianche dolci, cotechino e timo

甜白洋蔥、醃肉腸與百里香燉飯

六人份

醃肉腸或豬蹄捲是這道菜的主角。你應該買得到這兩樣食材，或至少能跟好的義大利熟食店訂（如果他們不能幫你弄到這些肉，他們就不是好的義大利熟食店）。醃肉腸或豬蹄捲買來時是熟的，裝在真空密封袋裡。你把肉從袋子裡拿出來，這些肉就可以好好地和洋蔥熬煮上一段時間，煮出美妙的味道。但如果你買不到我建議的這兩種肉，那就切一條上等新鮮的義大利香腸或粗絞肉香腸，在一開始煎洋蔥和芹菜時，把香腸肉弄散放進基礎義大利燉飯裡。PS 最後在飯裡拌入義大利花豆也很好吃。

500公克／1磅又2盎司醃肉腸　　　　　　　初榨橄欖油
3顆白洋蔥　　　　　　　　　　　　　　　1小把新鮮百里香，摘下葉子
1份基礎燉飯（見146頁）　　　　　　　　帕馬森乾酪，上桌時刨絲用
海鹽與現磨黑胡椒

將烤箱預熱至攝氏190度／華氏375度／瓦斯爐刻度5。把醃肉腸和沒有剝皮的洋蔥放在小烤盤上，放進預熱的烤箱。烤約1小時，將洋蔥烤軟並烤出甜味、香腸烤熟後，從烤箱中取出，將溫度調低成攝氏150度／華氏300度／瓦斯爐刻度2。

依照基礎燉飯作法，將高湯一點一點加入飯裡，同時你也有足夠時間等洋蔥冷卻。把其中一顆放涼的洋蔥切成4等分放入盤中，放進烤箱裡保溫。將另外兩顆洋蔥切丁，把醃肉腸肥厚的外皮剝去後丟掉，把裡面的肉弄散。等義大利燉飯在第三步驟煮至3/4熟時，拌入切碎的烤洋蔥和弄散的醃肉腸，繼續將飯煮至全熟。

在第四步驟加入奶油和帕馬森乾酪時，試試味道，仔細用鹽和黑胡椒將鹹淡調至恰到好處，然後拌入切碎的百里香葉。把飯分裝在盤子裡，再把切成4等分的洋蔥掰開，把洋蔥瓣放在飯上，刨入帕馬森乾酪，就可上桌。

insalate

沙拉

沙拉

　　我在義大利的新發現之一，就是他們各個地方的沙拉品質不一。有一半機會你會可能會吃到沒洗乾淨、爛兮兮的捲心萵苣，旁邊附一小碟沙拉醬讓你自己放；而另一半機會他們的沙拉可能是天才的傑作——水準之高超出世界上所有其他國家的每一盤沙拉。總的來說，沙拉的美味來自於他們有辦法光靠著把蔬菜切成輕巧爽脆薄片的方式，就這麼將平凡無奇的紅蘿蔔、芹菜、茴香和椒類變成可口的沙拉。義大利人很聰明。即便是一些不常見的食材，如耶路撒冷朝鮮薊和球狀朝鮮薊、蘆筍、小茄子，甚至冬南瓜等蔬菜，切薄片放在沙拉裡都非常對味。但或許最叫人大開眼界的是他們用隔夜麵包做沙拉——你絕對想不到這也是一種做沙拉的好食材！

　　今年是我頭一年自己種大量蔬菜。如果你也想試試看，先從沙拉葉開始種是個好法子。你只需要買一個有機番茄種植袋，切開來，在www.jekkasherbgarden.co.uk向我朋友傑卡‧麥克維卡訂些沙拉種子放進去，那麼即使住在市中心，你還是可以在一年中有四個月、每個禮拜四或五天收成你自己種的沙拉葉，幾乎花不到什麼錢。自己種菜最棒的一點就是，你剪下來的葉子愈多，它們就長得愈快——連我這種笨蛋都種得很成功！

　　在義大利他們常把沙拉當作一道菜吃，通常是在第二主菜之後端上來。如果你從沒到過義大利，這一章裡的一些食譜會讓你對沙拉的印象徹底改觀。而如果你不是個愛吃沙拉的人，你絕對不知道自己會錯過什麼。和義大利比起來，英國人對沙拉的看法真是糟糕透頂。難怪許多英國人不喜歡沙拉。如果你也是其中之一，我希望這一章能改變你對沙拉的看法。

panzanella
托斯卡尼式麵包、番茄與紅黃椒沙拉

六人份

哇！我們現在進入真正義大利人的領域了。我的意思是真正的義大利人會深入而熱切地、用許多大動作手勢爭論隔夜湯該怎麼盛盤最好，或是該怎麼烤出最完美的披薩，或這盤沙拉要怎麼做才最好吃！所以到底什麼是panzanella？這個嘛，它是為了把剩下的隔夜麵包用完而發明出的一道傳統托斯卡尼麵包沙拉。一開始這道沙拉是農人或農場工人吃的食物，因為它用料便宜但可以填飽肚子。現在你可以在餐廳的菜單上看到這一道沙拉。

2顆紅椒
2顆黃椒
600公克／磅又6盎司品質好的隔夜麵包
1公斤／2磅又3盎司熟透的各種番茄
海鹽
6條鹹鯷魚或12條油漬鯷魚
1把小顆酸豆，洗淨
1顆紅洋蔥，剝皮後切半

1條芹菜心
1大把新鮮羅勒，摘下葉子

沙拉醬
上等紅酒醋
上等初榨橄欖油
1小瓣大蒜，剝皮
海鹽與現磨黑胡椒

不管你是在野外生火（像我在托斯卡尼的時候就是），或是用瓦斯爐，或用個烤肉架，總之把火調到最大。把紅黃椒直接放在火焰上或放在烤肉架上烤10分鐘，把外皮烤至起泡焦黑。用夾子把椒翻面，讓每一面都烤好。等整顆椒都烤得焦黑破皮之後，把它們全部放進碗裡蓋上保鮮膜，在碗裡悶個10分鐘，這樣可以很容易把皮剝下來。

好了，我說過要用隔夜麵包，我指的是品質好的隔夜麵包，這麵包至少要放一天。別去買一條麵包就馬上拿來用。我通常會用鄉村麵包，麵包的品質愈好，沙拉一定也會愈可口。你可以用一大條義大利拖鞋麵包，但不要用切片白土司。掰掉麵包多餘的硬殼，把麵包撕成拇指大小塊狀。用手把麵包撕開的好處是，一，你不需要用到刀子；二，這樣就能把麵包裡的洞打開，讓麵包更容易吸收沙拉醬汁；三，撕成塊的麵包看起來就像是農家做出來的，而不是工廠生產的。把麵包放在托盤上，托盤放在烤箱旁邊，你準備別的東西時就能讓麵包變乾。

你的番茄應該要放在室溫下。不要像我太太一樣把番茄放在冰箱！很快把番茄洗乾淨，切成像麵包一樣大的番茄丁。選用不同種的番茄，做出來的沙拉也很漂亮。將海鹽均勻地撒在番茄上，但不要撒太多，然後把番茄放進濾盆裡，下面放個碗接住番茄汁。現在，你要在這個接番茄汁的碗裡放進鯷魚條和酸豆。盡量買上等的整條鹹鯷魚，然後在水龍頭底下用手指頭把魚肉從骨頭上拉出來。

如果買不到整條的鯷魚，用西班牙油漬鯷魚也不錯，你可以直接加到碗裡。我發現番茄汁的甜味其實能把鯷魚多餘的鹹味去掉，鯷魚反而因此能讓番茄汁更有味道，這就是我們的目的，因為我們要把番茄汁變成沙拉醬。

下一個工作是把洋蔥盡量切得很薄。請記住——一小片薄薄的洋蔥在沙拉裡吃起來口感很好，但是如果洋蔥是切成一大塊，吃起來質感就和土耳其沙威瑪一樣粗糙！然後芹菜心也是一樣切成薄片。那麼芹菜心到底是什麼玩意兒？嗯，它是芹菜裡面白色的部分，因此掰掉外層5、6條芹菜莖，然後把頂端15公分／6英吋切掉。切下的部分可以用來做醬汁或燉菜，但做這道沙拉時我們只用芹菜心，因為它比較嫩。還有，美味的黃葉子可以稍後撒在沙拉裡，所以請把葉子留下來備用。把芹菜心切成薄片和洋蔥一起放進大碗裡，再加入麵包。

紅黃椒放涼了之後，盡量把烤黑的皮都剝掉，把莖和籽也挖掉。但是別像個粗獷的牛仔大廚那樣把椒拿到水龍頭底下沖水，因為你會把所有甜味和香味都沖到排水孔裡去。皮剝掉之後把椒撕成大約小指那麼大，放進洋蔥、芹菜心和麵包裡。把濾盆裡的番茄稍微翻攪，輕壓一下擠出多餘的汁。如果番茄已經靜置了20分鐘，濾盆下方的碗裡應該有不少的番茄汁。這時把鯷魚從裝番茄汁的碗裡撈出來放到一旁。把番茄加到其他沙拉食材裡。撕碎大部分的羅勒葉，一起加進去。通常我處理番茄汁沙拉醬第一步，是把2湯匙上等紅酒醋加到番茄汁和酸豆裡。如果你沒有紅酒醋，用雪利酒醋或好的白酒醋也行。然後加入約10湯匙品質不錯的初榨橄欖油——好的初榨橄欖油通常裝在黑色瓶子裡，價格約在8英鎊到15英鎊之間。聽起來好像很昂貴，但這道沙拉真的值得用好油。

把大蒜磨成蒜末或搗碎加在沙拉醬裡。把醬汁攪拌一下，嚐嚐味道。它應該要有點酸，而且嚐了讓人神清氣爽，因為麵包和紅黃椒浸泡了醬汁之後味道會整個散發出來，因此如果你把味道調得酸一些，等各種味道浸漬了一段時間之後，你可能會發現整體的味道很完美。需要的話加些鹽和胡椒，然後把沙拉醬倒進裝在大碗裡的蔬菜上。把沙拉攪拌約1分鐘，動作不要太粗魯。

我認為托斯卡尼式麵包沙拉最好是裝在大碗裡，把碗放在桌子正中央，讓每個人自己盛盤。因此等你把沙拉拌勻、嚐嚐味道、調整鹹淡並再次攪拌之後，就可以把碗的邊緣擦拭乾淨，把鯷魚條平均鋪在沙拉葉上。撒入芹菜葉、少許羅勒葉和幾滴橄欖油。開動之前把沙拉靜置15分鐘——不過它最多可以放上1小時都沒問題。

或許你認為這道沙拉食譜看起來好像沒那麼了不起，沒錯，開一包洗好的生菜葉快得多，但有好幾次我在美好的夏日裡做出這道沙拉，光是搭配用一點油、鹽和胡椒烤出來的雞一起吃……感覺真是太幸福了，絕對值得你花功夫去做。所以請動手做做看吧！

insalata tipica delle sagre

節慶綜合沙拉

六人份

　　這是一道絕妙的綜合沙拉，在義大利各地它會以不同面貌出現，視當地食物慶典上所慶祝的食材是哪些而定。這道沙拉之所以有意思且用到許多不同的食材，是因為他們通常會把份量做得很多，值得你東一點西一點地買許多不同的蔬菜，讓這道沙拉吃起來又脆又甜、顏色鮮豔而且吃得到各色各樣特別的蔬菜。義大利人往往愛用新鮮蔬菜，我甚至看過有些人用切薄片的生蘆筍，很少見。所以你去買菜的時候，記得看看不同的葉菜、脆脆的茴香、大黃瓜、櫻桃蘿蔔，不過請你每一種各買一點。如果你找不到我列出來的所有食材，沒關係。重點是做出混和不同蔬菜的沙拉，因此蔬菜是可以替換的。

　　在托斯卡尼時我做這道沙拉給35位摘葡萄的工人吃。我花了大約半小時準備，而我認為結果非常成功。做這道沙拉的重點不過是把蔬菜組合起來。如果你需要做出6個人以上的份量，只要用其他特別的蔬菜把份量變多就行了，例如黃椒、不同種的水芹和新鮮香草如薄荷或羅勒等。

1顆紅椒，切半並去籽
1小把新鮮扁葉荷蘭芹
3或4顆番茄
10顆櫻桃蘿蔔
1/2條大黃瓜，削皮、切半並去籽
1/2球茴香
1顆比利時苦苣
1/2顆結球萵苣
1/2顆捲鬚萵苣

1/2顆橡葉萵苣
1把芝麻菜
1/2顆菊苣

沙拉醬食材
1尖湯匙酸豆
4條橄欖油浸泡的上等鯷魚
3湯匙紅酒醋
上等初榨橄欖油

　　把紅椒切薄片放進碗裡。荷蘭芹葉切成條狀，把莖剁碎。番茄切丁，櫻桃蘿蔔、大黃瓜、茴香和比利時苦苣切薄片。

　　把結球萵苣、捲鬚萵苣中間黃色部分（這部分不苦——把外層葉子丟掉）、橡葉萵苣和芝麻菜拿到水槽裡洗乾淨。把菊苣也洗乾淨切半，把心去掉後切成條狀。把所有的葉菜放進碗裡混和均勻，就成了一盤色彩鮮豔的沙拉。

　　現在製作沙拉醬，你可以把酸豆和鯷魚切碎，或放進食物處理機裡打碎，然後放進一個碗裡，加入紅酒醋和3倍的橄欖油。嚐嚐看，味道應該蠻重的。你可以調一調醋和油的份量，但記住醋的味道應該要強烈一些，因為等你把醬汁和沙拉葉拌在一起之後，醋味就沒那麼重了。別擔心鹹淡，你應該不需要加鹽，酸豆和鯷魚就夠鹹的了。把沙拉醬混和均勻，倒進沙拉葉裡拌在一起，立刻上桌。

insalata di radicchio e rughetta

紫菊苣與芝麻菜沙拉

　　紫菊苣和其他種類苦味生菜如比利時苦苣、蒲公英、菊苣和特雷威索紫菊苣等一樣，當它們的苦味和其味道調和之後會變得非常特別，例如巴薩米克醋的甜味、帕馬森乾酪的鹹味或芝麻菜爽脆的口感與辛辣的味道。人生中偶而會遇到那麼一樣東西，它本身毫不起眼，然而和其他東西形成適當的組合，不知怎的就變得非常了不起——有些食譜的組合就是這樣子，特別是這道食譜。

　　拿一個大碗，替每個人準備1把芝麻菜和1小把刨好的帕馬森乾酪與半顆切成薄片的紫菊苣，把這些拌在一起。用少許巴薩米克醋、3倍初榨橄欖油與少許鹽和現磨黑胡椒做成沙拉醬。輕輕把沙拉醬和生菜拌勻，再刨入少許帕馬森乾酪，立刻享用。你可以做點變化，例如加入烤松子、烤紅洋蔥或脆煎培根。

insalata di gennaro
傑納羅沙拉

基本上這是一道義式的尼斯沙拉。這種沙拉也有義大利人自己的版本倒不叫人特別驚奇，因為上等鮪魚和鯷魚是義大利的招牌食物。不過這道食譜裡沒有橄欖或四季豆這兩種道地法國尼斯沙拉的基本食材。你只需要記住一件事，那就是趁馬鈴薯還熱騰騰冒著煙時就要澆上沙拉醬，這樣馬鈴薯才能吸收更多美妙的味道。我和我朋友傑納羅一起工作時，他都會做這道沙拉當作我們員工的午餐，真是美味極了！

400公克／14盎司新薯或小顆軟嫩的馬鈴薯
海鹽與現磨黑胡椒
4大顆蛋，建議使用有機雞蛋
2尖湯匙鹹酸豆
2顆檸檬
220公克品質非常好的油漬鮪魚罐頭1罐，瀝乾，或
300公克／11盎司新鮮鮪魚

1大撮乾奧勒岡——使用新鮮鮪魚時加入
1/2條新鮮紅辣椒，切碎——使用新鮮鮪魚時加入
上等初榨橄欖油
1大把芝麻菜
1小顆紅洋蔥，剝皮後切薄片
4條鹹鯷魚，沖水去骨並切片

把馬鈴薯外皮刷乾淨。煮一鍋開水把馬鈴薯放進去，在水裡加入鹽。蓋上鍋蓋把馬鈴薯煮軟，煮到刀子可以輕易切開。煮馬鈴薯的同時把蛋煮7、8分鐘，煮至全熟但不要太硬，然後把蛋放在冷水裡浸泡後剝殼，放在一旁備用。

在煮馬鈴薯和蛋時，也把酸豆放在水龍頭底下沖水，瀝乾後放進碗裡，擠入一顆檸檬的汁，好除去多餘的鹹味。如果你用的是新鮮鮪魚，就把魚放進加了少許橄欖油、1撮奧勒岡、鹽、黑胡椒與少許辣椒末的不沾鍋裡，稍微煎一下就行，讓魚肉中間還保持粉紅色，或者如果你喜歡吃熟一點的，就把魚的兩面再煎幾分鐘，煎到熟透，但不要煎得太老。把沙拉葉洗乾淨，用沙拉脫水器把水瀝乾。

這時候馬鈴薯應該已經煮熟了。你要在馬鈴薯還沒冷的時候澆上沙拉醬，因此迅速把它放進濾盆裡瀝乾，然後切半或切塊後放進大碗裡。加入酸豆、檸檬汁、5湯匙初榨橄欖油、1撮鹽和黑胡椒，還有切薄片的洋蔥，把所有食材翻攪均勻。試吃一塊馬鈴薯，看看調味是否恰到好處——你可能想多加些橄欖油或檸檬汁。等馬鈴薯的溫度降到室溫時，就可以把罐頭或新鮮鮪魚切成薄片放進去，加入沙拉葉和切半或切成1/4的水煮蛋。滴入少許初榨橄欖油。輕輕攪拌後分裝在盤子裡，鋪上鯷魚。

insalata amalfitana

阿馬非沙拉

四人份

　　生長在阿馬非海岸的柑橘類水果是世界第一，因此我在這道沙拉裡加入柳橙，以表示對它們的敬意（我的老天爺，我簡直不相信我寫出這句話——我一定是老了！）它做起來很簡單，但如果你的刀工還算可以的話會更容易，因為做起來會快很多。如果不行，你可以花錢買個叫做曼陀林（mandolin slicer）的蔬果切片器，不過請小心別切到手指頭。用快速削皮刀來做這道沙拉也很好。重點如果你能把所有蔬果切得愈薄，沙拉就會愈好吃。

　　在義大利他們把這種沙拉當作宴席或一般餐點的前菜來吃，因為它能清除嘴裡的味道，而且美味無比。即使這麼做不太符合傳統，放些希臘羊奶乳酪塊或品質好的山羊乳酪在沙拉上，也棒得不得了，因為這兩種乳酪和柳橙的味道都非常搭。

1球茴香，洗淨	1湯匙上等香草醋或紅酒醋
1顆紅洋蔥，剝皮	上等初榨橄欖油
1條大黃瓜	海鹽與現磨黑胡椒
1大把櫻桃蘿蔔，保留葉子，洗淨	4顆柳橙，削皮切片並去籽
依個人喜好加入：1小把冰塊	

　　把茴香上端的鬚狀葉切掉，放在一旁備用，然後切掉茴香頭尾，需要的話剝去最外面一層皮，有時它會有點乾。把它切成兩半，然後再縱切成片，盡可能切得薄些。把大黃瓜切薄片。至於櫻桃蘿蔔，把莖留下1公分／1/2英吋長，然後把每顆櫻桃蘿蔔的頭切掉一點點，再沿著切掉的那一面切薄片。

　　要的話你可以丟幾顆冰塊到碗裡，和其他食材拌在一起，怪的是這方法的確能讓蔬菜吃起來更爽脆。把冰塊在碗裡放幾分鐘。比較豪爽的作法是把蔬菜放進冰水裡，但如果你真的這麼做，蔬菜吃起來脆是脆，但大部分味道都跑到水裡去了。

　　把冰塊從切片蔬菜裡取出。拿一個碗混和2湯匙香草植物浸泡醋或紅酒醋，和約6湯匙左右上等初榨橄欖油。混和均勻後嚐嚐看。你或許想多加些醋，這要看你的柳橙甜度而定。試試味道，用鹽和黑胡椒調味。用這醬汁拌在沙拉裡，然後把柳橙瓣和多餘的柳橙汁加進去。拌幾下之後就把沙拉分裝在盤裡，撒入保留的茴香葉，立刻上桌。

insalata di pomodori finocchi e seppie

番茄、茴香與烏賊沙拉

四人份

這是一道完美的夏日沙拉，用的食材是燒烤的烏賊和番茄、茴香。這是很棒的組合，很適合當作前菜或午餐。務必請你的魚販幫你把烏賊的肚子剖開，去皮去內臟。如果你開口，他甚至還會切開烏賊的身體，在上面輕輕劃菱形切口，這樣烏賊會煮得非常好吃。至於番茄，目前市面上有許多種類可選，所以買菜時請去買些好吃的品種回來。我認為多放幾種不同種類的番茄讓你的沙拉更有意思，這主意不會錯。做這道沙拉的重點是在你開始烤烏賊時，才動手準備其他材料。

4條中型烏賊，洗淨去皮，將鬚與兩翼和身體切開	1茶匙乾奧勒岡
200公克／7盎司不同種類櫻桃番茄與李子番茄	上等紅酒醋或香草醋
1/2顆紅洋蔥，剝皮後切薄片	初榨橄欖油
1球茴香，留下鬚狀葉	海鹽與現磨黑胡椒
1顆檸檬的汁和磨成碎屑的皮	1條紅辣椒乾，捏碎
1顆柳橙的汁	

如果魚販沒有幫你處理烏賊，就先把烏賊沿著身體側面切開後攤平，再將裡面的肉用刀子劃菱形切口。把番茄切片、切4等分或切成不規則塊狀都可以，接著和洋蔥一起放進碗裡。把茴香上面的鬚狀葉切下來放著備用，然後對切後切薄片，和番茄與洋蔥拌在一起。擠入檸檬汁和柳橙汁，加入奧勒岡。用3湯匙紅酒醋或香草醋、7湯匙上等初榨橄欖油和鹽、黑胡椒做成沙拉醬澆在蔬菜上攪拌均勻。嚐嚐味道，需要的話再次調味。

烏賊最好能放在高溫的炭火上烤，但也可以用波浪狀烤盤或預熱過的大平底鍋。如果是用烤肉架烤（請參考190頁用烤肉架燒烤食物的說明），就讓煤炭盡量靠近烤肉架。用少許鹽和胡椒將烏賊調味，撒點乾辣椒末，將橄欖油輕拍在烏賊兩面。先烤觸鬚，因為觸鬚要比身體多一倍的時間才烤得熟。烤一分半鐘之後翻面，把烏賊身體菱形切口那面朝下，等烏賊上出現黑色的烤肉架烤痕時才翻面。如果用高溫烤肉架通常要烤3到4分鐘，用別的方式烤的時間要更長。等兩面都烤黑之後，把烏賊斜切成片，趁熱丟進放番茄和茴香的碗裡。攪拌一下，最後試試味道，直到你滿意為止，然後分成4等分裝在盤子裡。把碗裡剩下的醬汁、果汁和少許橄欖油澆上去，再撒些檸檬皮和茴香葉。放幾片半圓形的檸檬片在盤子旁，美味極了。

在異鄉，獨自一人。

insalata caprese

卡布里沙拉

四人份

　　我一直很猶豫要不要把這道食譜放進書裡，因為差不多每本義大利菜食譜都有一道卡布里沙拉。然而這些沙拉似乎永遠都不是按照我自己喜歡的方式做的，因為它們通常會用切得整整齊齊的莫札瑞拉乳酪和番茄。因此我想用我自己的方式來做這道絕佳食材的組合。我把莫札瑞拉乳酪掰成塊狀，整盤沙拉看起來更粗獷，而且沙拉醬的作法也不同。它嚐起來絕對美味可口，而且一定是你做過最簡單的一盤沙拉——放在大淺盤上看起來比較美。倒是別忘了這道沙拉當然是源自於卡布里島，這島上氣候宜人，它生產的番茄和羅勒都是最好吃的，因此請你盡可能買到最好的食材來做。

150公克水牛莫札瑞拉乳酪4球
2把品質好的、不同形狀與顏色的各種熟透的番茄
1根蔥的蔥白，切成很薄的薄片
上等香草醋

沙拉醬食材
1大把新鮮羅勒葉
海鹽與現磨黑胡椒
初榨橄欖油

　　首先製作沙拉醬。留幾片羅勒葉下來，把剩餘的葉子約略切碎，和1大撮鹽在研缽裡搗爛。加一些橄欖油和羅勒一起攪拌，成為美味的羅勒醬。

　　小心把莫札瑞拉乳酪掰開放進大平盤裡。把番茄約略切成塊，放在碗裡用蔥白、一些橄欖油、少許香草醋和鹽、黑胡椒調味。把番茄塞在莫札瑞拉乳酪塊中間，澆上羅勒醬。撒入留下來的幾片羅勒葉後就可上桌。

烤蔬菜麥米沙拉

　　麥米是一種類似珍珠麥的穀類，但它煮出來並不會鬆鬆軟軟的，而是很有嚼勁，而且有堅果香味。你可能不容易買到麥米，但如果你買得到，之後你就會常常吃。麥米的味道很特殊，介於米和北非小米之間（用這兩種穀類來做這道食譜也很好吃）。它是古代羅馬人的主要糧食，在麥子出現之前，他們用它來做麵包、粥和湯。現在它被用來做沙拉、湯、燉菜，甚至是義大利麵。你在好的義大利熟食店應該買得到，超市裡特殊食品那條走道的貨架上也開始擺出麥米。以下是我最喜歡的沙拉食譜之一——試著做做看吧！

400公克／14盎司麥米或乾小麥	4瓣大蒜
3條黃櫛瓜，縱切後去籽	初榨橄欖油
2球茴香，修掉頭尾，切成厚片，保留鬚狀葉	海鹽與現磨黑胡椒
1顆紅洋蔥，剝皮後切成新月片狀	白酒醋或香草醋
2條紅辣椒，對半切開後去籽切大塊	1大把新鮮香草（扁葉荷蘭芹、羅勒、薄荷、奧勒岡）
2條茄子，切成大塊	1顆檸檬的汁

　　將烤箱預熱至攝氏200度／華氏400度／瓦斯爐刻度6。將麥米或乾小麥在冷水裡泡20分鐘後瀝乾。把櫛瓜切成大塊半月形，放進大烤盤裡。加入其他蔬菜和大蒜瓣，澆一些橄欖油攪拌均勻。用鹽和黑胡椒把味道調好。盡量把蔬菜鋪成一層不要重疊，才能烤得比較透（必要的話用2個烤盤）。在預熱烤箱裡烤30至40分鐘，其間不時將烤盤拿出來小心搖晃一番。將蔬菜烤至全熟，邊緣焦脆。從烤箱裡拿出來後立刻灑少許醋在上面，然後在一旁放涼。將冷卻的烤蔬菜倒在大的砧板上，加入新鮮香草一起切碎。

　　將麥米或乾小麥放進大湯鍋裡，用冷水蓋過，煮滾後用小火煮20分鐘或煮至軟，然後將水瀝乾。加入用橄欖油和檸檬汁調成的醬汁，用鹽和黑胡椒調味，然後和加了香草的烤蔬菜拌在一起。撒上茴香葉後上桌。

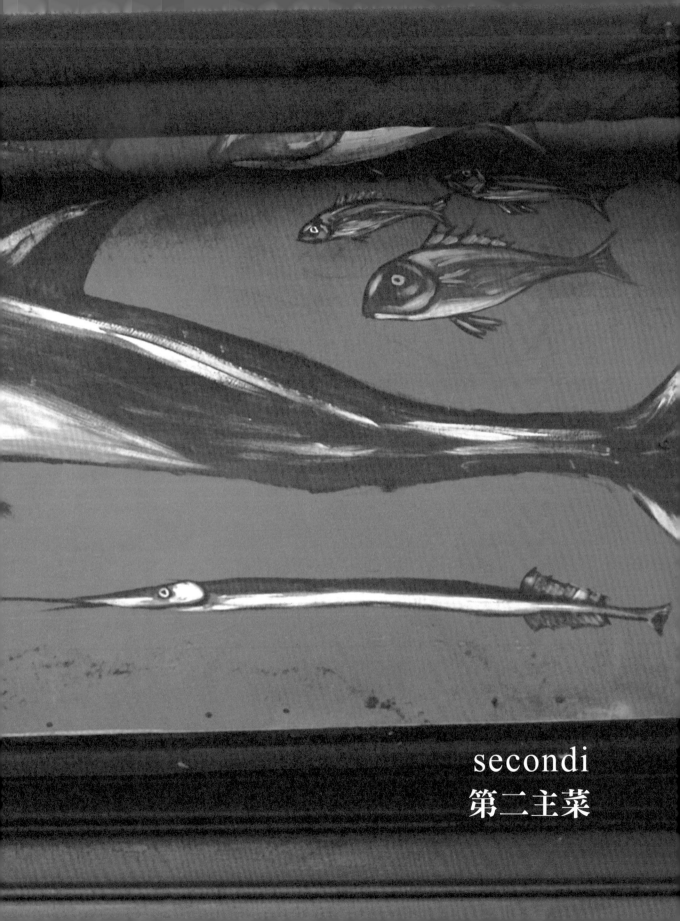

secondi

第二主菜

魚

　　如果說我從義大利人身上學到了什麼和魚有關的事，那絕對是「少即是多」。即便像馬爾凱和托斯卡尼等一個禮拜大概只有一次送魚過來的內陸行政區，這些魚還是新鮮的不得了，聞起來有海的味道，肯定能讓那道晚餐成為當日的一椿大事。

　　我很訝異有那麼多義大利海邊的餐廳裡竟然沒有菜單，像我朋友喬凡尼開在馬瑞提摩島上的餐廳史卡列塔就是其中之一。不誇張，他真的就是等到早上八、九點漁船進港時，說：「上帝給我什麼我就煮什麼！」當然，在無法任君選擇的情形下，的確能讓一個人動動腦筋，想想看你能用手邊的東西來做什麼。即使是在毫無魚穫的日子裡，喬凡尼也會用食物儲藏櫃裡的醃漬魚來做菜。或許近年來有一半的問題都來自於我們的選擇太多，對品質卻不夠重視。這不由得讓我有個想法，那就是我想讓這一章的食譜以非常簡單的方式呈現。我的方式是，將魚用很簡單的方法煮好，再加入一些巧妙的變化。這一章裡沒有一道菜是我覺得各位做不出來的，因此請每一道都試試看。

　　不過在你下廚之前，請替我做件事……去認識一下你當地的魚販，不管他是在超市裡也好，有自己的攤子也罷。如果他的魚聞起來很腥，不是海裡現撈的，那麼請在私下告訴他，如果能以較少的選擇換取較多的品質，你會願意支持他。我必須很遺憾的說，在英國這年頭有太多笨蛋在賣次等的魚。情形不應如此。就拿倫敦這個城市來說，它是世界上最大的城市之一，然而品質夠好的魚販卻寥寥無幾（如果你有興趣知道，我最喜歡的兩個是Kensington Place和Fishworks連鎖店）。英國每個地方的孩子從小到大都覺得魚聞起來很腥，那是因為在大多數地區魚販供應給我們的，就是有腥味的魚。因此我想請你不要學英國人那樣姑息次等產品──請你多學學義大利人，時常表達你的意見。那麼魚販和超市也就會因此開始擔心質量，而不是數量。如果我們都拿出行動，你會訝異地發現有多少商店、餐廳和生意人都會正視自己的所作所為，因為他們必須聆聽顧客的意見。就讓我們使這件事成真吧！

rombo con finocchio

茴香大口鰈

不管是烤乳豬還是烤魚，我認為把東西整隻拿去烤可以讓你的餐點更富情趣。這是烹調全魚的最好方式，任何大小的魚都適用要對自己有信心！留著魚骨頭可以讓魚肉變得非常香，也可以在烤的時候保持水分。

在我眼裡，大口鰈是魚類裡的英國奧斯頓馬丁高級轎車，因為它是最白晰多汁、最有肉的魚類。我的日本朋友來英格蘭時也很愛吃這種魚！大口鰈有許多種大小，我見過最大的有差不多10公斤／22磅之譜。曾經有漁夫在海上打電話到餐廳給我，說他們才剛捕到一條大口鰈，因此我馬上更改餐單，把大口鰈放進當晚的菜色裡，像在這道食譜裡用香料烤，或者用鹽醃，太美味了！你也可以用同樣的方式烹調鰈魚、大比目魚或甚至是魟魚鰭，烤出來也一樣棒透了。如果你用的是比較大條的魚，那你必須烤烤久一點──用小刀戳戳看最厚的部位，如果魚肉可以輕易與魚骨分開，那就表示烤好了。

如果你買不到連枝帶葉的茴香也別擔心，反正你有茴香籽，不過兩者都有就更好。如果你家院子沒有種茴香，現在就去買些種子來種。它外觀非常漂亮，吃起來美味，而且很耐寒，每年都會長。你也可以用荷蘭芹或羅勒，或者鋪一層切成薄片的茴香球莖在烤盤底下。茴香用來搭配豬肉和魚肉都很對味。

1整條2-3公斤／4又1/2磅-6又1/2磅大口鰈或鰈魚	1小束茴香
（請魚販將魚卵與鰓去掉）	1-3顆檸檬，切薄片
1湯匙茴香籽	橄欖油
1湯匙岩鹽	

烤箱預熱至攝氏200度／華氏400度／瓦斯爐刻度6。將大口鰈裡外洗乾淨，用廚房手巾擦乾。

用杵和研缽將茴香籽和岩鹽搗成粉末，然後撒滿魚身和魚腹裡面。把茴香枝條鋪在大烤盤裡（烤盤要大到裝得下整隻魚），然後把大口鰈放在上面，把檸檬片在魚身上鋪成一排（和照片上一樣）或鋪滿整隻魚，大量澆上橄欖油。

在預熱的烤箱裡烤35至40分鐘，或烤到魚肉開始和魚骨分離。你會注意到有奶白色的汁液從魚裡流出來──你可以滴一大滴橄欖油、擠一把檸檬汁，把魚汁變成爽口的天然醬汁。直接把魚放在烤盤裡上菜，讓每個人自己動手。

polpo semplice

嫩煮章魚

漁夫常常在英國外海捕到章魚。章魚非常便宜，但許多人不太知道該怎麼煮才好，因此首先我要告訴大家怎麼用章魚高湯把章魚煮得滑嫩可口，接下來在次頁你會看到三道用章魚做的美味食譜。如果你的魚販通常不賣章魚，請他替你預定。如果你早幾天告訴他，他應該很樂意替你服務。

橄欖油
1球大蒜，剝皮後切薄片
1條新鮮紅辣椒，去籽後切薄片
3或4根荷蘭芹莖，切碎

1顆檸檬皮，削成條狀
1.5公斤／3又1/2磅章魚1隻
海鹽與現磨黑胡椒

拿個有蓋的大鍋，開火。在鍋裡倒進約7湯匙橄欖油，然後加入大蒜、紅辣椒、荷蘭芹莖和檸檬皮。用小火炒1、2分鐘，不要把大蒜炒焦，然後把章魚放進調了味的美味橄欖油裡。搖晃一下鍋子，蓋上鍋蓋，轉成小火慢慢煮章魚。在接下來的15到20分鐘裡，章魚會變得非常嫩而可口，煮熟的時間視章魚的大小而定。牠會出很多水，這樣你就有了天然的美味高湯。要看看章魚煮軟了沒有，就把叉子插進章魚肉裡，如果能輕鬆插進去，你就該滿意了。如果沒有，再煮久一點。煮好後這就是你的基礎嫩煮章魚作法。

在義大利他們通常把整隻煮好的章魚切開，用鹽和黑胡椒調味，再滴些橄欖油就直接吃。你也可以把皮、吸盤和頭裡面的棕色肉，還有嘴以及眼睛丟掉後再切片。這種煮法非常簡單，無論在什麼情況下，我每次都是這樣處理和烹調章魚。現在請翻到下一頁，看看三種不同的章魚烹調方式。

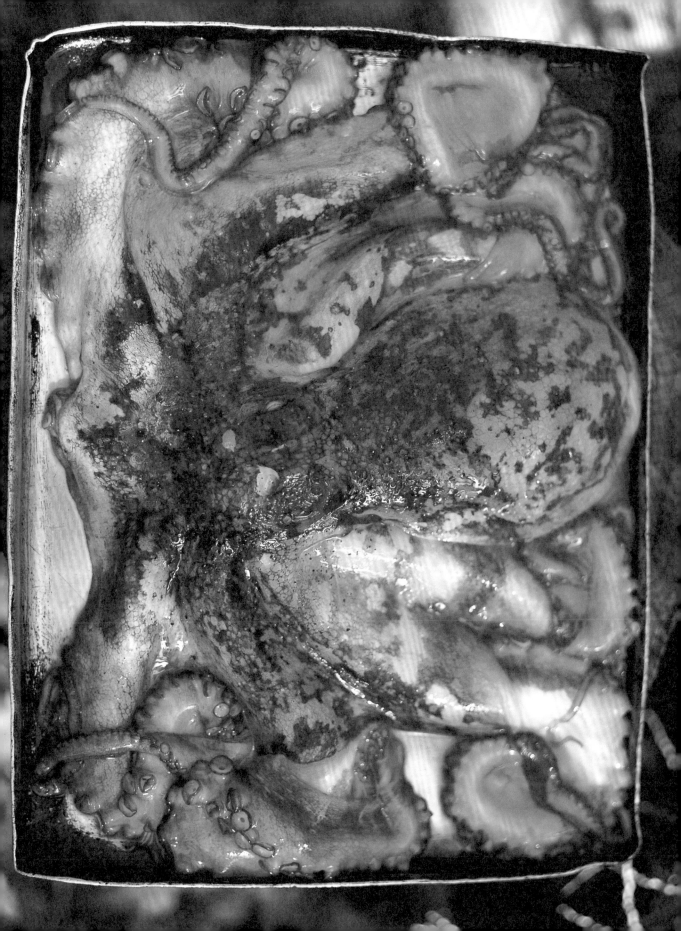

rolpo in brodo

章魚湯

六人份

1份嫩煮章魚（見196頁）

1小把淡菜，洗淨去鬚

1小把蛤蜊，洗淨

海鹽與現磨黑胡椒

3或4根茴香鬍狀葉，切碎

1小把新鮮扁葉荷蘭芹，摘下葉子後切碎

初榨橄欖油

　　章魚煮好後，在鍋裡加入淡菜和蛤蜊。煮幾分鐘將殼煮開（把沒有開的丟掉），然後把火關掉。把章魚拿到砧板上，把皮、吸盤和頭裡面的棕色肉，還有嘴以及眼睛丟掉，把頭切片，觸角斜切成幾大段。調整鍋裡高湯的鹹淡，然後把湯分裝在6個碗裡。把章魚、淡菜和蛤蜊也裝進碗裡，撒上茴香葉和荷蘭芹，滴些初榨橄欖油。PS 加進一些水煮白豆會相當好吃。

spiedini di polpo

串燒章魚

六人份

1份嫩煮章魚（見196頁）

1顆檸檬的汁

1條新鮮紅辣椒，切碎

1小把新鮮扁葉荷蘭芹，摘下葉子後切碎

　　把煮好的章魚拿到砧板上，切下觸角。把皮、吸盤和頭裡面的棕色肉，還有嘴以及眼睛丟掉，把頭切片。把觸角和肉彎成像車輪一樣的圓圈，插在籤子上（如果用木籤，要先泡水），放在烤肉架上烤至出現焦黑條紋，翻面後擠少許檸檬汁上去。烤好後放在大盤裡，撒些新鮮紅辣椒末和扁葉荷蘭芹末就可以上桌。

insalata di polpo

章魚沙拉

六人份

1份嫩煮章魚（見196頁）

1把淡菜，洗淨去鬚

1小把新鮮扁葉荷蘭芹

2條紅蘿蔔，削皮後切成火柴般細長條狀

2條芹菜，切成火柴般細長條狀

1/2球茴香，切成火柴般細長條狀，保留頂端鬍狀葉

橄欖油

上等香草醋

　　章魚快煮好時，在鍋裡加入淡菜，煮幾分鐘把殼煮開（把沒有開的丟掉），然後把火關掉。把扁葉荷蘭芹切碎後和紅蘿蔔、芹菜與茴香一起放進大碗裡。把章魚從鍋裡撈起來放在砧板上，剝掉皮，切下吸盤，把觸角斜切成幾大段。把頭裡面的棕色肉、嘴和眼睛切下來丟掉，把頭切片。將淡菜從殼裡挖出來，和章魚切片及蔬菜放在一起。澆上2大滴橄欖油、幾大滴香草醋和少許料理用酒當作沙拉醬。用鹽和黑胡椒調味後撒入切碎的茴香葉。

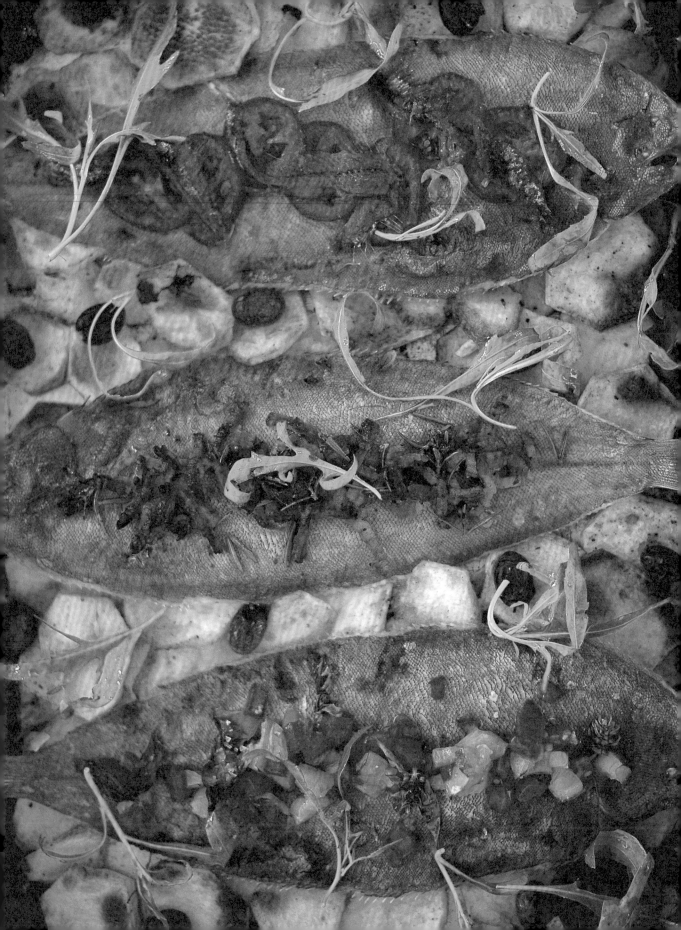

sogliola in tre modi

烤比目魚三吃

四人份

烤多佛比目魚和檸檬比目魚時鋪上煙燻義大利培根和迷迭香、或加入甜番茄和巴薩米克醋，味道美極了。把這些不同風味的食材放在一層馬鈴薯上烤，就可以把一道簡單的菜餚變得不同凡響。最後的成品看上去色香味俱全，最棒的是你只要改變鋪在烤魚上的食材，每個禮拜你就會有看起來完全不同的晚餐可以享用！在義大利我看到的比目魚通常都是整隻拿去烤，然後直接上桌，每個人自己夾去吃。美味的白肉可以輕易與魚骨分離。像這樣整隻烤的魚，吃起來更是鮮美多汁。

PS 在照片裡我用的是三種我最喜歡的食材組合。你煮的時候只要在其中選一種就行了。我寫的搭配食材足夠蓋滿你的4條魚。

8顆中型馬鈴薯，削皮	**鋪在魚上的食材**
橄欖油	4顆熟透的紅番茄，切片
1把新鮮迷迭香，葉子摘下	8條鯷魚，切成長條狀
1把黑橄欖，去核	或
海鹽與現磨黑胡椒	12片義大利培根，切碎
4條多佛比目魚或檸檬比目魚，去鱗後稍微修剪	4根新鮮迷迭香，摘下葉子
初榨橄欖油	或
1顆檸檬的汁	20顆紅色與黃色櫻桃番茄，去籽並約略切碎
1把野生芝麻菜	4根新鮮羅勒，葉子摘下並撕碎

將烤箱預熱至攝氏200度／華氏400度／瓦斯爐刻度6，找一個容納得下4條魚並排放的烤盤。

把馬鈴薯切成約1公分／1/2英吋厚，加入少許橄欖油和迷迭香、橄欖、鹽和黑胡椒拌一拌，然後在烤盤裡均勻鋪成一層。用兩片錫箔紙把烤盤蓋緊，在預熱的烤箱裡烤20分鐘，或將馬鈴薯剛好烤軟。把錫箔紙拿掉，烤盤放回烤箱裡再烤10分鐘，烤至馬鈴薯略呈金黃色。

在比目魚上刷少許橄欖油，用一點鹽和黑胡椒調味。把烤盤從烤箱裡拿出來，把魚並排放在熱馬鈴薯上。把你選擇搭配魚的食材鋪在魚上。滴一些初榨橄欖油，把烤盤放回烤箱裡烤15至20分鐘，把魚烤至熟透並略呈焦黃。

上桌前撒上少許用橄欖油和檸檬汁調味的芝麻菜，或用綜合沙拉放在一旁當作配菜。也可以放幾片新月形檸檬片在旁邊，吃時將檸檬汁擠在魚上。

calamari in padella con limone e pangrattato

煎烏賊佐檸檬與麵包屑

當作前菜時可供四人份食用
當作主菜時可供二人份食用

我在一本舊的義大利食譜上看過類似的作法。有趣的是它有點類似英國的炸魚薯條，因為烏賊的軟嫩和酥脆的麵包屑形成美妙的對比，而麵包屑吃起來和炸魚的麵衣類似。兩者的口感和味道的組合很相近，不過檸檬麵包屑烏賊多了辣椒的嗆和檸檬的酸。如果你家有隔夜麵包屑，就很適合作這道菜。

橄欖油
1或2條新鮮紅辣椒，
6瓣大蒜，不剝皮，稍微拍扁
2大把隔夜麵包屑

海鹽與現磨黑胡椒
4條小烏賊，切整齊並洗淨（把烏賊翅留著，觸鬚不用切）
1/2顆檸檬，切成很薄的薄片

把6湯匙油倒進厚底平底鍋裡。加入整條辣椒、大蒜和麵包屑攪拌幾分鐘，將麵包屑煎至酥脆焦黃。用少許鹽和黑胡椒調味，然後在廚房紙巾上把油瀝乾。

用廚房紙巾把平底鍋擦乾淨，再放回爐子上。加一些橄欖油，把烏賊和烏賊觸鬚調味，然後和檸檬片一起輕輕放進熱鍋裡。如果放不下全部的烏賊和檸檬，就分幾批煎，不要讓東西全部擠在鍋子裡。煎約1分鐘直到烏賊和檸檬呈焦黃色，然後把烏賊翻面再煎差不多的時間。檸檬會煎焦，必須比烏賊更快翻面，因此只要它看起來像照片上的顏色那樣，就趕快從鍋子裡拿起來放在一旁。這時候小烏賊應該已經煎透了，但如果你的烏賊比較大，就必須煎久一點。鍋子離火，把烏賊和檸檬片分裝到盤子裡。在烏賊裡撒上麵包屑和切碎的和荷蘭芹。這道菜最適合搭配拌少許醬汁的芝麻菜沙拉和一杯冰涼的白酒。

pesce alla griglia
烤魚

有天晚上我在波爾哥夜市裡和「燒烤男」一起烤魚。順帶一提，這地方晚上不安全——在我看來那裡幾乎呈現無政府狀態，十二歲的小孩開著破車到處跑，六歲的騎著滑板車，後面還有個二歲大的乘客！我在那裡的那天晚上，有個帶著她女兒還有奶奶的母親正在痛扁她女婿，因為他對她女兒不忠，旁邊還傳來陣陣叫好聲！那是個氣氛很熱鬧的地方，也是西西里街頭小吃的核心地帶。

在波爾哥夜市的情形是，你跟附近的魚販買魚——他們都是行家，賣的魚也是最新鮮的——然後你給燒烤店老闆幾歐元，他就用一點油和鹽巴幫你烤魚。你站在那裡喝一杯飲料等他烤好，然後你站在那裡吃，吃完你繼續站在那裡看著街上發生的事！我因此想出幾種用新鮮的和乾燥的香草、調味鹽與調味油替烤魚調味的簡單方式，只要在烤魚時把這些調味香料塞進魚裡，或是刷、抹或撒在魚身上，就能烤出非常棒的味道。我喜歡抓一把迷迭香、百里香、月桂葉或奧勒岡，或者每樣各一點，用繩子綁緊，然後用這束香草把油刷在魚身上。當地人就這樣把什麼都不加的魚放上去烤，因為魚很新鮮，他們不會用任何東西調味。雖然他們不太想嘗試新口味，然而當我把簡單調味過的烤魚給他們吃時，他們為之瘋狂，覺得我烤的魚太讚了！

把油和鹽抹在魚上，會烤出非常奧妙的香味，下次烤魚時你可以試試看，你不會後悔的。這種調味方式也很適合雞肉、羊腿和豬肋排，因此請大膽嘗試各種作法，例如把烤雞抹上檸檬大蒜醬，或用奧勒岡和迷迭香鹽替豬排調味（這兩種醬料的食譜請見210頁）。

我最喜歡的新鮮香草植物是茴香，但把荷蘭芹、羅勒與薄荷等香草植物切碎後塞進魚肚裡和魚身外面的切口裡，都能讓烤魚散發無比的香氣。魚皮會烤得很脆，不過裡面的香草會把香味蒸進魚肉裡——真是絕妙好滋味。以上我提到的四種香草味道都很細膩，你必須大量使用才能蓋過大部分魚肉的味道。也可以把用香草調味的柳橙和迷迭香鹽撒在蝦子或是像紅緋這類魚上，保證好吃。

推薦烤肉架

如果你可以選擇買哪種烤肉架，那麼最好是選堅固耐用、裡面的金屬桿很粗大的那種。我只用過加樂比海廚具（www.caribeancookers.com）生產的烤肉架，它並不便宜，但買了你絕對不會後悔。我偶然間在牛津看到這家公司，他們竟然在老闆的車庫裡製作烤肉架！二十年過去了，這款烤肉架依然很勇，而且看起來比新的還好。

生火訣竅

下一次當你整理花園時，別把樹枝丟掉。把樹枝放在車庫或花園雜物間晾乾——點了火的樹枝會很快地燒起來。我覺得火種和噴霧罐噴出的仿木頭香味噴霧狀液體會在食物上留下一股很糟糕的味道（而且我朋友有一次用汽油去噴烤肉架，還讓自己著火……）。乾木屑和樹葉、捏成小團的報紙、木炭還有吹幾口氣，就是起火的最佳組合。

首先，確定你的烤肉架是乾淨的，把下方的通風口打開。先放一層揉皺的紙，然後把你的引火物堆成像印地安帳棚那樣，才會有可供空氣流通的縫隙。接下來在周圍放幾小塊木炭，然後再放些紙和引火物。把這些東西堆成30公分／1英尺高，然後從底下點火，前後和兩邊都要點。撕一片A3大小夠硬的紙板，用它來煽風。

10分鐘之後，火應該會順利燃起，因此你只管繼續煽風，讓火自己去燒。等木炭燒得又紅又熱時，再加上一層木炭，但別光是丟一堆木炭在上面，這樣火會熄掉。等到很多木炭都燒得霹啪作響的時候，把它們高高地往一邊堆，堆成像斜坡一樣往另一邊傾斜。接著讓火慢慢地燒，直到燒得白熱化，火焰幾乎熄滅為止，這過程大約需要30分鐘到1小時，依你用的木炭大小而定。我有個朋友他有第2個小烤肉架，他叫它做「熱盒子」，這是他存放備用熱煤炭的地方，這樣他就算烤15人份的食物，也可以立刻把炭火加上去。

烤魚訣竅

準備幾種不同的大條全魚——鱈魚、石斑、海鱸魚，體型較小的鰈魚或大口鰜也行——這些魚味道都很好。再準備一些去骨的魚片，例如紅鯡魚或海鯛。烏賊和小沙丁魚也非常美味。有些人很怕烤魚，因為們擔心魚烤不熟，不過如果你烤的是新鮮的魚，請把你的妄想換個方向，改成擔心魚烤過頭吧。我可以告訴你辨別魚是否烤熟的大致原則，不過其實這要視你烤肉架的不同還有它的溫度高低而定。烤魚是非常容易的事，因為魚沒有藏在烤箱裡。牠們就在你面前，你看得到、聽得到、聞得到，牠們在你掌握之中。開始烤之前，先用碎布沾點油抹在金屬桿上，魚才不黏在上面。我在義大利學到的另一招就是，如果在烤之前先在魚上灑鹽，靜置15分鐘，魚就不會黏在金屬桿上，因為鹽分會把魚皮上的水去掉。真聰明的作法。

如果你有好幾條不同的魚——大的、小的、厚的、薄的、全魚或去骨魚片——這些魚烤的時間就都會不一樣。不用説如果是很大條的帶骨魚，可能要在烤肉架上溫度比較低的那一端烤半小時，甚至最後還要拿到烤箱裡去烤一下，但如果是小魚，例如鯷魚或紅鯡魚這類魚片，放在溫度高的那一端沒多

久就可以烤好了。在開始烤之前，最好先把魚按照烤的時間從最長到最短的順序排在烤盤裡。如果你要調味，就在烤魚之前把醬料都先調好。

如果是在很熱的烤肉架上，不管是魚片或全魚，只要是大約1公分／1/2英吋厚的魚肉，每一面都只需要烤個2分鐘就能烤得很漂亮。如果厚度加倍，烤的時間就加倍，用點常識想想就行。你只要用刀子戳進魚肉最厚的地方，就能知道魚是否烤好。如果你烤的是帶骨的魚，就必須一開始用高溫，快烤好時放在旁邊低溫的地方，如果骨與肉可以分開，就表示烤好了。蝦子和干貝不管怎麼吃都美味，你可以用籤子把牠們串在一起。我嘗試每一種魚都用不同的調味方式，所以每一道烤魚吃起來都有截然不同的感受。

魚烤好之後，在上面滴些橄欖油，擠一把檸檬汁，把魚裝進大盤子裡，放在桌子中央。最好能在桌上放幾個裝溫水和檸檬片的洗指碗，這樣你就不怕把手弄髒了。

馬鬱蘭醬

放2把新鮮馬鬱蘭或奧勒岡在研缽裡，用杵搗碎、研磨成膏狀，然後用初榨橄欖油稀釋。擠點檸檬汁，嚐嚐看，再用鹽和黑胡椒調味。如果你覺得要多加點檸檬汁，就別客氣。在烤魚之前或烤好以後把這種醬揉搓或刷在魚上，會非常美味。它特別適合搭配鮪魚和劍魚，用來替雞肉或其他白肉調味也非常適合。

柳橙迷迭香調味鹽

一定要試試這種調味鹽，你絕對不相信它的味道有多妙。請務必使用非常細的海鹽，別用一般的鹽。在西西里他們用鹽用得很多。你只要依你喜歡的份量把鹽揉搓在魚或肉上，拍點橄欖油上去，再拿去烤就可以了。你也可以把這鹽抹在豬肉上或搭配少許羅勒撒在番茄沙拉上，或用在煎蝦子上。

2大根新鮮迷迭香，葉子摘下　　　　　　　1顆檸檬皮的碎屑
1顆柳橙皮的碎屑　　　　　　　　　　　　100公克／3又1/2盎司細海鹽

用研缽與杵或是食物處理機把迷迭香葉搗碎。建議使用細孔的刨刀（Microplane或Cuisipro這2個牌子）把柳橙和檸檬皮磨成碎屑，加進迷迭香裡。把鹽也加進去，然後用手指頭撒一層鹽在托盤上。這時候鹽還又濕又黏，不過乾了以後就會變硬。你可以馬上拿來用，或風乾5、6小時，要用時再用手掰開。柳橙迷迭香調味鹽可以在密封罐裡存放一個月。

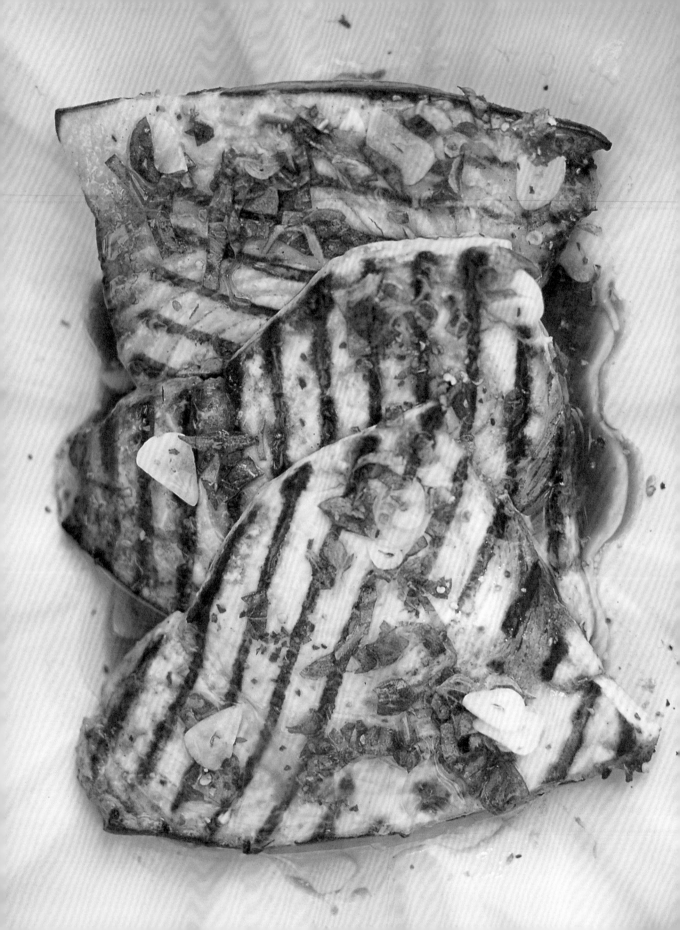

pesce spade alla griglia con la salsa di giovanna

烤劍魚佐喬凡娜特製醬汁

四人份

　　在西西里經營瑞卡雷阿里莊園的安娜・塔司卡・蘭薩是義大利最有名的廚師之一。喬凡娜是她廚房裡的台柱主廚，這種醬汁就是她的招牌菜色。她用這醬汁來煮魚──用它來烹調鮪魚、劍魚和鯊魚這一類大型的魚非常好吃，但把它放進鍋裡，和烏賊與蝦子等等煮在一起也很棒。說真的，如果把這醬汁抹在整隻雞上再拿去烤，成果一定會讓你引以為傲。

1顆檸檬的汁
初榨橄欖油
海鹽與現磨黑胡椒
3瓣大蒜，剝皮後切薄片

3根新鮮薄荷，摘下葉子後略切
2根新鮮奧勒岡，摘下葉子後略切
1公分厚劍魚或鱈魚片4片

　　將檸檬汁擠入碗裡，加進3倍份量橄欖油。用鹽與黑胡椒調味，並加入大蒜、薄荷與奧勒岡攪拌均勻。

　　將波浪狀烤盤或平底鍋加熱至高溫，把劍魚或鮪魚撒上鹽和黑胡椒，放在鍋裡每一面煎約1分鐘，煎至金黃色為止。這樣子煎出來的魚中間會略呈粉紅色，因此如果你不喜歡這種熟度，就再煎久一點沒關係。把魚分裝在餐盤裡，舀一些醬汁澆在魚上。

西西里的特拉帕尼市場，
該市場以鮪魚與沙丁魚聞名

pesce intero al forno in crosta di sale

海鹽烤全魚

六～八人份

在義大利南部的人常把魚整隻拿去烹煮，他們尤其喜歡把魚包在鹽裡烤。基本作法是在烤魚之前先把全魚用鹽緊緊包住，這魚可以是整隻的海鱸魚、大口鰜或鮪魚（如次頁照片），或者是像沙丁魚這一類的小魚。任何種類的全魚都可以包在鹽裡烤，但是你得先把內臟清乾淨。還有一件事你得記住，別讓鹽跑到魚的任何開口裡——鹽不是調味品，而是烹調程序的一部份。鹽的作用是，當它進了烤箱以後，就會烤得像陶器一樣硬，能把魚烤成外皮又乾又脆，卻維持裡面魚肉的肉汁和魚的天然風味。

製作鹽殼的基本方式是把水加入鹽裡（一定要用海鹽），然後用鹽緊密地包裹住魚身。如果要烤的是小鯡魚或沙丁魚，你的鹽厚度是1公分／1/2英吋厚，但如果你要烤的是3公斤／7磅的海鱸魚等這種重量的魚，你就必須用3公分／1又1/4英吋厚的鹽把魚包住。我把製作鹽殼的老法子改良了一下，加入1顆讓鹽殼烤得更硬的雞蛋。我還放了茴香籽、檸檬和橘子皮，好讓微妙的香氣滲透到海鹽裡。PS 你或許覺得我在胡說八道，但這食譜真的很容易。

2公斤／4又1/2磅全魚（見以上說明），去鱗去內臟
幾根新鮮香草（羅勒、荷蘭芹、茴香頂端鬚狀葉）
2顆檸檬，1顆切片、1顆將皮磨成碎屑
3公斤／7磅海鹽（每1公斤／1磅又2盎司的魚需要用到1.5公斤／3又1/2磅的海鹽）
1顆柳橙的皮，磨成碎屑
1顆蛋打散，建議使用有機雞蛋
1把茴香籽
橄欖油

將烤箱預熱至攝氏220度／華氏425度／瓦斯爐刻度7。魚的內臟挖掉之後，就把各種香草和其他散發香氣的食材如羅勒、荷蘭芹、茴香頂端的鬚狀葉和檸檬片等塞進魚腹裡。將鹽、柳橙和檸檬皮碎屑、蛋和茴香籽混和在一起。倒入一些水，把混和好的食材搗碎，變成潮濕的沙子狀。在烤盤裡撒上約1公分／1/2英吋的調味鹽，替每條魚留一個凹洞。把抹了橄欖油的魚放在鹽床上。剩下的鹽倒在魚身上，把魚往下拍，壓進鹽床裡。魚頭和魚尾沒蓋到鹽也沒關係。

把魚放在預熱的烤箱裡烤20至40分鐘。不過鹽的厚度、你用的烤箱、魚的種類和大小以及將魚放進烤箱時的溫度，都會影響烤魚的時間，你很難正確無誤地算準何時烤好，因此最好的辦法就是把叉子插進魚肉最厚的部位，停留10秒鐘，然後立刻拔出來，把叉子尖端放在你的嘴唇上。如果叉子尖端是熱的，那麼魚就是熟了，如果不熱，魚就需要再烤久一些。如果你還是不確定，就把鹽撥開一些，檢查魚肉是否已和魚骨分離。如果還沒有，就再放進烤箱裡。烤好後把烤盤端上桌，在客人面前把鹽掰開（在旁邊多放一個裝鹽的碗會比較方便）。

le migliori polpette di tonno

最美味的番茄鮪魚丸

四人份

　　幾乎我認識的每個人都很愛吃肉丸子，所以我想給你們這個食譜，因為它有點不一樣。我在西西里看過同樣的作法，用的是劍魚和鮪魚肉的混合，不過可不是瓶裝或罐裝的魚肉，你一定要用加入少許西西里風味的香草和香料調味過的新鮮魚肉才行。這道番茄鮪魚丸和番茄肉丸一樣好吃！

番茄醬食材
橄欖油
1小顆洋蔥，剝皮後切碎
4瓣大蒜，剝皮後切薄片
1茶匙乾奧勒岡
400公克上等李子番茄罐頭2罐
海鹽與現磨黑胡椒
紅酒醋
1小撮新鮮扁葉荷蘭芹，摘下葉子後略切

魚丸食材
400公克／14盎司鮪魚
橄欖油
55公克／2盎司松子
1平茶匙肉桂粉
海鹽與現磨黑胡椒
1茶匙乾奧勒岡
1把新鮮扁葉荷蘭芹，切碎
100公克／3又1/2盎司隔夜麵包屑
55公克／2盎司現刨帕馬森乾酪
2顆蛋
1顆檸檬的汁與磨成碎屑的皮

　　首先製作醬汁。把大鍋加熱，倒入少許橄欖油，加入洋蔥和大蒜，用小火慢炒大約10分鐘，將蔬菜炒軟。加入奧勒岡、番茄、鹽和胡椒，開大火煮滾，之後用小火煮約15分鐘，再加水煮至醬汁滑順。嚐嚐味道──你可能需要再加一點點紅酒醋或多一些鹽與黑胡椒。

　　用小火煮番茄醬時，將鮪魚切成2.5公分／1英吋的魚肉丁。在大平底鍋裡加入幾大湯匙橄欖油，然後把火打開。把鮪魚丁、松子和肉桂放進平底鍋裡。用少許鹽和黑胡椒調味，煎約1分鐘，把鮪魚丁每一面都煎過，松子略烤一下。離火後將松子和鮪魚丁放進碗裡，放涼5分鐘後加入奧勒岡、荷蘭芹、麵包屑、帕馬森乾酪、蛋、檸檬汁和檸檬皮碎屑。用手把所有的美味都揉捏進鮪魚裡，混合均勻，然後把鮪魚肉醬搓成比高爾夫球略小的丸子。如果搓丸子時把一隻手在水裡浸濕，就可以搓出表面平滑的魚丸。如果丸子太黏，就再加點麵包屑。盡量把每個丸子都搓成同樣大小，然後放在塗了油的烤盤上，在冰箱裡靜置1小時。

　　把煎鮪魚的平底鍋再放回爐子上，開火並加少許橄欖油。把鮪魚丸放進平底鍋裡輕輕晃動一番，把整顆鮪魚丸都煎成金黃色。你可能要分批煎。煎好後把魚丸放進番茄醬裡，分裝在盤中，撒些切碎的荷蘭芹，滴入上等橄欖油。很適合搭配細麵或細扁麵。

tonno di nonna fangitta

芳吉塔奶奶的煮鮪魚

四人份

　　有位叫做芳吉塔的迷人老奶奶，她在西西里外海的法維尼亞那島上做了這道魚給我吃。這魚好吃得不得了，而且吃剩的第二天還可以拿來煮義大利麵或放在沙拉裡。你的魚一定要是一大塊的，而不是好幾小塊。

1公斤／1磅又2盎司新鮮、熟透的番茄（最好可以準備紅、黃與橘色等各色番茄）

400公克／14盎司新鮮鮪魚塊，不用切片

3瓣大蒜，剝皮後切成薄片

2根新鮮迷迭香，摘下葉子

1條新鮮紅辣椒，去籽後切薄片，或1根紅辣椒乾，捏碎

橄欖油

1小把酸豆，用水沖洗過

6條鯷魚片

1尖茶匙乾奧勒岡

1根肉桂棒

400公克上等李子番茄罐頭1罐

海鹽與現磨黑胡椒

依個人喜好加入：1小把新鮮扁葉荷蘭芹，切碎

　　找個剛剛好放得進鮪魚塊的鍋子。別用太大的鍋子，這一點很重要，因為你要把魚放進番茄醬汁裡煮。鍋子太大沒辦法讓番茄醬汁蓋過鮪魚。加入一大壺滾水，把火開到最大。把番茄放進滾水裡煮約40秒，然後用濾盆瀝乾，再倒進裝了冷水的碗裡放30秒，接著靜置一旁，等稍微涼一些之後，把皮剝下來、蒂挖掉，小心擠出番茄籽。接下來小心地把鮪魚的一面用刀尖斜切出8、9個切口。在每個切口裡放進大蒜片、1小截迷迭香枝和1小片辣椒（剩下的大蒜、迷迭香和辣椒都放進番茄醬汁裡）。

　　把鍋子放回爐子上，加點橄欖油。放進剩下的大蒜、辣椒和迷迭香，還有酸豆、鯷魚、奧勒岡和肉桂棒，用小火炒直到大蒜變軟。加入新鮮番茄和罐頭番茄，開大火煮滾，然後關小火微滾。用木湯匙把番茄弄碎，再用鹽和黑胡椒調味。小心地把鮪魚放進番茄醬汁裡往下壓，讓醬汁醃過鮪魚。把鍋蓋蓋上，鍋蓋微開，用小火煮約25分鐘（煮的時間依鮪魚的厚度而定）。你可以把魚從醬汁裡拿出來看看是否可以把魚肉弄碎，就知道魚熟了沒有。

　　煮好後離火，把鍋蓋蓋著，放涼至可以食用的溫度。在義大利，這盤菜通常是當作一道魚的主餐來吃，上面滴幾滴橄欖油，撒些荷蘭芹，但把它放在可士丁尼烤麵包上也一樣好吃。我喜歡把整鍋魚端上桌，讓每個人自己取用。配上麵包美味極了。

couscous con pesce di nonna giusy

珠希奶奶的煮魚佐北非小米

四人份

在馬瑞提摩島時，我發現這地方受到非洲影響而來的北非小米菜餚十分有名。有天在街上閒逛，我問當地人誰做的北非小米最好吃，不用說，每個人的回答都是「我媽媽！」直到有個傢伙帶我去見他的祖母——珠希奶奶。這位讓人嘖嘖稱奇的老太太自己親手製作北非小米，她在碗裡加點水，用手揉搓粗粒小麥粉，把小麥粉揉在一起變成小小的一塊一塊。她的北非小米實在好吃，而且做起來非常簡單，但我想她用的那種麵粉在義大利以外的地方應該很難找得到，所以我建議你用品質好的現成北非小米來做這道菜。

這島上的女人用她們丈夫當天在海上捕到的魚，做出這道菜。她們看到漁船進港，就把北非小米放在爐子上蒸，然後準備開始煮魚。這道菜的作法很有意思，而且超級美味。我在珠希奶奶的家裡待了3小時學做這道菜，所以我要跟你說聲謝謝，珠希奶奶（而且她做的檸檬酒也棒透了）！

北非小米的佐料
1小顆洋蔥，剝皮
1/2球大蒜
1大把新鮮荷蘭芹，切碎
400公克／14盎司北非小米

魚的佐料
橄欖油

1大顆白洋蔥，剝皮後切片
4瓣大蒜，剝皮後切片
1/2條紅辣椒乾，捏碎
310-400公克／11-14盎司紅鮋魚或海鯛，去鱗去內臟
700公克番茄糊2瓶
海鹽與現磨黑胡椒
1大把新鮮荷蘭芹，切碎

北非小米佐料的作法是，把洋蔥、大蒜和荷蘭芹放進食物處理機裡打碎。和北非小米拌勻後放進蒸鍋裡蒸，或把濾盆放在一鍋滾水裡，用非常小的火蒸半小時，然後裝在碗裡。

在蒸小米的同時，把鍋子放在爐子上開小火，加幾大滴橄欖油。放進切片的洋蔥、大蒜和辣椒，用小火煎5分鐘。把魚放進鍋子裡，倒入番茄糊和等量的水，蓋過魚肉。用少許鹽和黑胡椒調味，然後用小火煮20分鐘。離火後小心將魚裝進盤子裡，再把一半份量的番茄醬汁倒進裝北非小米的碗裡，混和均勻。在這個步驟珠希奶奶把兩條毛巾蓋在碗上，讓北非小米吸收醬汁的同時保持熱度。你可以蓋毛巾，也能用鋁箔紙把小米包起來，在很低溫的烤箱裡（80度／160／最低瓦斯爐刻度）放30分鐘。

把魚肉弄散，放進第二個碗裡。小心拿掉所有骨頭。把剩下的醬汁都倒在魚上，撒些切碎的荷蘭芹，和裝在碗裡的北非小米一起放在餐桌中央，讓每個人自己取用。

肉

次頁的這張照片不但畫面搶眼，而且很駭人，這一點我相當明白，因此我要向各位解釋我為何決定在書中放上這張照片，還有為何這整章在視覺上是那麼寫實，毫不掩飾。這幅景象在義大利再平常不過。我有一股強烈的慾望想用這張照片，因為我發現當我和義大利人聊起他們吃的肉，他們多半會跟我說到這些動物生存的自然環境，還有牠們活著時吃了什麼食物，牠們如何到處尋找芬芳的香草植物、栗子和水果，以及人是如何對待動物。他們不會先想到屠宰動物或該怎麼煮來吃。他們似乎真的瞭解有些動物是拿來當食物，絕不是養來當寵物，即便是小孩子也懂得這個道理。我很欣賞的一點是，他們的人道概念不僅限於動物的宰殺，也回溯到動物的一生，還有牠們的福祉。

對我而言，在書中呈現這些畫面十分重要，因為它忠實地反映出我在義大利所見到的景象，同時也因為有太多英國人選擇不理會吃肉過程中這不愉快的一面。在我看來，問題就出在這裡。大多數人都不想看到死掉的動物，雖然我們吃的肉就是從牠們身上來的，因此大企業從中介入，解決了這個問題——眼不見為淨。人將動物關在環境惡劣的養殖場裡，施打大量抗生素（因為病菌很容易在這些動物住的狹小區域裡蔓延）。當然，這麼一來，他們就可以供應大量生產的雞腿或雞胸，或者他們會想辦法幫你把肉處理過、加了配方、切成不同形狀和重新包裝，藉此讓動物的身體無法辨認。食物裡摻入了那麼多添加劑和防腐劑、食物色素和人工香料，難怪英國會是歐洲最不健康的國家之一，也不難瞭解為什麼有人預測我孩子的這一代比他們的父母的壽命短，這種情形歷史上從來沒有發生過。這是多麼讓人震驚的事實？

照片上的這位牧羊人大半輩子的時間，賺的錢都比拿失業救濟金的英國人還少，但他吃的肉，品質卻不輸端上皇家餐桌的肉。這是義大利人和他們土地之間普遍的真實情形，也是讓他們選擇正確膳食的原因之一——正因如此，義大利人才能成為世界上僅次於日本和冰島的第三長壽國家。

如你所見，這是我強烈關心的議題。我也希望你看看這張照片，還有這一章裡的其他照片，讀完這一章你的作法可能會稍微不同。如果在這之後你還想吃素，那我要向你致敬。但如果你想吃品質好的肉，那我就真的要向你致敬了！畢竟我們都是在食物鏈的最頂端。不過看在老天爺的份上，請不要再支持這些生產便宜、難吃食物的賣場，你無法想像這些食物有多麼違反自然。幫我個忙，到我的網站www.jamieoliver.com點選The Meatrix的連結，這是個很好的短片，它

傳播的訊息很強烈，你可以放給你的孩子看。

下一次你買肉的時候，你真的應該買放養的或有機的肉。如果你負擔不起一週6或7天都吃這種肉，那麼就減少成一週3到4次，像義大利人那樣——以質量取代數量。最重要的是，問問你的肉販他賣的肉是哪來的，那些動物吃的是什麼，還有飼養者如何對待牠們。你可以從這幾件事情做起。

peposo

獵人式胡椒燉牛肉

十人份

　　這是一道口味相當重的傳統托斯卡尼菜餚。別被大蒜和黑胡椒的用量給嚇到，它的味道不會比微辣的咖哩更辣，而且風味絕佳。你可以試試看把它用慢燉鍋煮個一整夜，到了早上牛肉就會入口即化。這道菜也被稱做「獵人的早午餐」，因為在整個早上辛苦的狩獵之後，這燉牛肉會是道豐盛的大餐。如果把牛肉放在義式烤麵包上（如圖），就成了一片讓你精力充沛的牛肉烤土司。

　　我看過這道菜用帶骨的肉來煮，有點像米蘭燉牛膝。有些肉販不會幫你把肉帶骨切塊，所以這個食譜的作法是我把牛膝買回家，把肉從骨頭上切下來，再切成厚片。骨頭可以丟到湯裡讓燉湯更香，做出來的這道菜味道會非常經典。

2.5公斤／5又1/2磅牛肉或小牛膝，帶骨	5根新鮮迷迭香
20瓣大蒜，剝皮	2瓶齊揚提酒或其他水果紅酒
4尖湯匙現磨黑胡椒	2片月桂葉
海鹽	

　　把肉切成大塊厚片，把骨頭上的肉全部切下來。將烤箱預熱至攝氏150度／華氏300度／瓦斯爐刻度2。拿一個大鍋子，大到剛好放得下所有食材就好。鋪一層肉在鍋子底部，上面放幾瓣整瓣大蒜，然後均勻撒上1湯匙胡椒和少許鹽。放1、2根迷迭香然後重複同樣步驟，一層一層鋪上牛肉和其他食材，直到把把所有食材用完，鍋子幾乎裝滿為止。把酒倒在食材上，加入骨頭和月桂葉，如果必須加水才能淹過肉，就再加些水。

　　開大火煮滾，然後用兩層鋁箔紙將鍋子緊緊封住，放進預熱的烤箱裡烤6小時或將肉烤至軟嫩。如果你想將牛肉燉一整夜（許多義大利人都是如此），就把烤箱溫度降低至攝氏140度／華氏275度／瓦斯爐刻度1，肉就可以烤8小時以上，烤得很軟並且肉散開。一定要用鋁箔紙將鍋子密封，這樣才能把水分都留在鍋子裡。

　　燉肉煮好後，把鋁箔紙拿掉，撈起表面的肥油，丟掉骨頭、月桂葉和迷迭香。肉應該已經非常軟，肉汁清淡卻滋味鮮美。嚐嚐味道，需要的話就加些鹽和黑胡椒。用湯匙把肉弄散，然後舀一杓燉肉放在烤熱的義大利烤麵包上，滴少許橄欖油端上桌，就是冬日早晨最熱呼呼的一頓早午餐。或只是配上簡單的水煮紅蘿蔔、新馬鈴薯與黑甘藍，就成了正式的一餐。搭配澆些上等初榨橄欖油的玉米糕也十分好吃。

烤豬肉

我曾經在普利亞的阿塔穆拉和一群義大利朋友一起做這道烤豬里肌。它很適合當作聚會時的菜餚，因為你只要把肉在烤肉架上兩面共烤15分鐘，就可以放進預熱烤箱裡烤上1小時不去管它——你可以端出熱騰騰的烤肉，或吃冷的也行。我在河岸餐廳的上司蘿絲·葛蕾會用香草醋和月桂葉醬汁澆在烤豬肉上，這是非常棒的組合，因此你也可以試著做做看，或用迷迭香代替月桂葉。我們在義大利是用茴香籽、辣椒乾、鹽和胡椒調味。我給你的食譜是12人份，不過你也可以把份量減半，或甚至可以加倍。這道烤肉簡單得要命，如果你請肉販幫你把肉處理好，做起來就更簡單。只要請他給你2公斤／4又1/2磅去骨去皮的豬里肌就行了。

2尖湯匙茴香籽
2或3條紅辣椒乾
2公斤／4又1/2磅豬里肌，最好使用有機豬肉（見以上說明）
橄欖油

海鹽與現磨黑胡椒
10湯匙上等紅酒醋
1把新鮮迷迭香，葉子摘下

先把茴香籽用杵和研缽搗碎，把辣椒乾捏碎後一起加進去磨，這樣豬肉吃起來就稍微有點辣味，你可以自己決定要多放些辣椒還是少放些。把豬里肌肉放在砧板上，用刀在表面劃菱形切口。在肉的表面均勻塗滿橄欖油，然後撒滿茴香籽和辣椒。把豬肉蓋起來，放在烤盤裡擺在一旁備用——如果豬肉原本放在冰箱裡，就把它放一會兒恢復到室溫，這樣肉才能吸收香料的味道。

開始烤肉的1小時之前，你得先把烤肉架的火生起來，讓它到達正確的溫度（見207頁的說明）。我建議你最好用煤炭，不要用瓦斯，才會有美妙的炭烤味。當然你也可以放在烤箱裡烤，但我比較喜歡用烤肉架（如果你從頭到尾都用烤箱，烤的時間就需要1小時20分鐘）。不管怎麼烤，都要先用大量鹽和胡椒抹在肉上，肥的那一面朝下。這樣放會使烤肉架裡會冒出一點火，你可能要很快把肉翻到沒有肥油的那一面，不過油會沾到金屬桿上，也會讓炭火冒出煙米，這正是我們要的結果。把肉烤個10到15分鐘，時間長短依你烤肉架炭火的溫度而定，記得持續翻面，才能把整塊肉烤出漂亮的條紋。

把烤好的豬肉移到之前醃肉的烤盤上，放進攝氏200度／華氏400度／瓦斯爐刻度6的烤箱裡。烤半小時之後加入醋和迷迭香葉，小心把肉晃動一下，澆上肉汁，放回烤箱裡再烤20分鐘。烤好後把肉拿出來放涼10分鐘，就可以切片了。你可以把烤盤裡的鮮美肉汁放在烤箱裡保溫，要上桌時再澆在肉上。如果你去過義大利，你會發現他們把幾片肉旁邊放上一道簡單的配菜，就成了一餐。辛苦了一天之後，這肉嚐起來特別好吃，所以請用你覺得合適的方式，搭配其他配菜端上桌。

在托斯卡尼將一隻豬去骨，
準備整隻放進後方的燒木炭的烤箱裡烤。

spiedini di salsiccia e manzo

香腸與牛肉串

四人份

這是一道簡單、粗獷、正宗的義大利烤肉串。你可以用豬肉代替牛肉，或用上等的煙燻五花培根代替義大利培根，但如果你把滋味了不得的義大利香腸換成便宜香腸，那就別費事做這道烤肉了。義大利香腸很飽滿，肉絞得很粗，而且是煙燻肉，但如果你買不到，多肉的上等康伯藍香腸也不錯。把香腸邊轉邊插到木籤上時，肉可能會擠出來，但別擔心。如果肉販不能幫你把培根切成厚片，就把普通厚薄的培根捲起來插好。你可以用木籤（先泡水）或金屬籤，或拿幾根很長的迷迭香枝條——下班回家的路上四處看看，因為迷迭香樹叢到處都是（這不是偷竊，是幫忙修剪）。

你可以把烤肉串拿到烤肉架上去烤，但最簡單的作法是放進烤箱裡。配上一大盤玉米糕最好吃，如果你不知道怎麼做玉米糕，這是個試著做做看的好機會（見285頁）。

2.5公分／1英吋切塊牛肉條或豬肉條12塊　　　　1顆檸檬，把外皮磨成碎屑後切半
4大條上等義大利或康伯藍香腸　　　　　　　　初榨橄欖油
4片厚切義大利培根或五花培根　　　　　　　　海鹽與現磨黑胡椒
18片新鮮鼠尾草葉　　　　　　　　　　　　　4根長而硬的新鮮迷迭香枝條（或用木籤或金屬籤）
2瓣大蒜，剝皮

首先你要醃肉，因此把牛肉塊放在碗裡。把香腸輕輕扭轉，把一條香腸變成三條圓圓的小香腸，然後用刀子或剪刀剪開放進碗裡。把義大利培根或五花培根切成2.5公分／1英吋長，每條應該可以切成4或5片，放進碗裡。把12片鼠尾草葉放進碗裡，把剩下的大蒜瓣和檸檬皮碎屑用杵和研缽或金屬碗和擀麵棍敲打，磨成糊狀。倒入約4湯匙初榨橄欖油和一半檸檬汁。攪拌均勻後把所有醃料澆在放在碗裡的肉上。最好能把肉放在冰箱裡醃1至3小時，但如果你沒有時間，也可以直接把肉拿去烤。

用最高溫預熱烤箱。現在要開始把烤肉串起來了。如果你用的是迷迭香枝條，就把葉子從上面開始摘掉一段。我通常會把葉子留下來煮別的東西。把刀子從樹枝上面往下刮，刮下外皮，然後斜切掉一段樹枝，這樣就可以用尖端穿過食物。如果你用木籤或金屬籤做烤肉串，當然會好串得多，但肉吃起來就不會那麼香。現在，你只需要把肉串起來，先串一片培根，然後把摺起來的鼠尾草葉串上去，最後是一塊牛肉。每條肉串重複這個順序三次，最後在頭上串一片培根。把烤肉串放在塗油的烤盤或平底鍋上，放進烤箱裡。立刻把溫度調低成攝氏200度／華氏400度／瓦斯爐刻度6——開頭用大火烤，之後把火力調小些，就能把肉烤得香嫩多汁。烤約20分鐘，直到香腸呈金黃色為止。擠入剩餘的檸檬汁後就可以上桌。

salsicce con lenticchie Verdi e salsa di pomodoro

香腸與綠扁豆佐番茄醬

四人份

和英國的香腸佐馬鈴薯同樣版本的菜，在義大利當然就是把香噴噴的烤香腸放在一碗西西里島卡斯塔露奇歐鎮產的小扁豆和1匙番茄醬上面——真是絕妙的組合。

8條中等大小的高級義大利香腸，或很好的英國康伯藍肥香腸
2-3根新鮮百里香
500公克／1磅又2盎司紫花椰菜或蕪菁葉
1/2顆檸檬的汁
初榨橄欖油
海鹽與現磨黑胡椒

番茄醬食材

橄欖油
1小顆紅洋蔥，剝皮後切碎
3瓣大蒜，剝皮後切薄片

1小條肉桂棒
1-2小條紅辣椒乾，捏碎
2-3湯匙紅酒醋，另準備一些留做醬汁
400公克上等李子番茄罐頭2罐

扁豆配料

400公克／14盎司卡斯塔露奇歐扁豆或勒皮扁豆
2瓣大蒜，剝皮
1片月桂葉
1把新鮮扁葉荷蘭芹，葉子切碎，莖留下
紅酒醋或雪莉酒醋
1小把新鮮百里香前端的葉子

第一要務，就是先做番茄醬。在鍋子裡放點橄欖油，加入洋蔥和大蒜片，再丟進肉桂棒和1大撮捏碎的辣椒，用小火慢炒10分鐘，直到洋蔥變軟，出現甜味。開大火，加入紅酒醋，醋會蒸發掉，你可能還會被嗆得咳嗽，但這是正常反應！然後把火關小，加入切塊的罐頭番茄。用小火慢燉半小時，這時你可以開始煮扁豆。

將烤箱預熱至攝氏200度／華氏400度／瓦斯爐刻度6。把扁豆放進一個鍋子裡，用水蓋過，加入2瓣大蒜、月桂葉和幾根綁起來的荷蘭芹莖。用小火煮約20分鐘，煮的過程中水量要一直能蓋過豆子。接著放少許橄欖油在香腸上拌一拌，然後放在烤盤上，放進預熱的烤箱裡烤25分鐘，或烤至外皮金黃焦脆。香腸烤好時，把紫花椰菜放進滾水裡煮幾分鐘。煮好後用濾盆瀝乾，丟進碗裡，擠些檸檬汁，滴幾滴初榨橄欖油。豆子煮好後，把荷蘭芹莖和月桂葉拿起來，倒掉鍋裡大部分的水。用湯匙把大蒜瓣壓爛，和扁豆拌在一起，用4湯匙上等初榨橄欖油和1或2湯匙品質好的醋做成醬汁，澆在豆子上。把切碎的荷蘭芹葉全丟進去，混和均勻後用鹽和黑胡椒調味。

從烤盤裡把香腸拿出來，倒掉肥油。把豆子倒進要端上桌的碗裡。把番茄醬裡的肉桂棒拿出來丟掉，依個人口味仔細調味，接著把番茄醬舀在豆子上。在上面放兩條香腸，切片的或整條都行。撒點百里香，搭配裝在大碗裡熱騰騰的花椰菜上桌。

pollo alla cacciatora

獵人燉雞肉

四人份

　　獵人燉雞肉在英國似乎是一道相當家喻戶曉的菜餚，因為在超市義大利食品區的架子上你總是會看到這道包裝好的雞肉（說老實話，它吃起來絕對不會有多好吃）。當你真的投入愛與熱情在家裡親自下廚時，吃起來感受完全不同。它是由幾種簡單的調味組合而成，但效果絕佳。Cacciatore的意思是「獵人」，因此這顯然是在獵人一早上在野外辛苦打獵之後，回到家裡他妻子煮給他吃的一道菜。這也是很適合大型聚會的一道菜，因為你可以把它放在烤箱裡不用去管。右圖中是我替12個人做出來的份量。

2公斤／4又1/2磅雞肉，用雞翅或帶關節的整塊腿肉，或者是相同份量的雞肉塊	1/2瓶奇揚提酒
海鹽與現磨黑胡椒	撒在雞肉上的麵粉
8片月桂葉	初榨橄欖油
2根迷迭香	6條鯷魚片
3瓣大蒜，剝皮（1瓣壓扁，2瓣切片）	1把綠或黑橄欖，去籽
	400公克上等李子番茄

　　把用鹽和現磨黑胡椒調味過的雞肉放進碗裡。加入月桂葉、迷迭香枝條和大蒜瓣，然後倒入酒，淹過食材。把雞肉放在冰箱裡至少醃1小時，但最好醃一整晚。

　　預熱烤箱至攝氏180度／華氏350度／瓦斯爐刻度4。把雞瀝乾，留著醃肉的汁，用廚房紙巾把雞肉拍乾。把麵粉撒在雞肉塊上，把多餘的甩掉。拿一個可以進烤箱的鍋子在爐子上加熱，倒些橄欖油進去，將雞肉煎至整塊略呈焦黃，放著備用。

　　把鍋子放回爐火上，加入大蒜瓣。將大蒜煎至金黃色，接著加入鯷魚、橄欖、番茄（用木湯匙把番茄弄碎）、雞肉和醃雞肉的汁。開大火煮滾後蓋上鍋蓋或兩層鋁箔紙，放進預熱的烤箱裡烤1又1/2小時。

　　撈掉肉汁表面上的浮油，攪拌一下，嚐嚐味道，有需要的話加少許鹽和黑胡椒。把月桂葉和迷迭香拿掉，搭配沙拉或義大利白豆以及充足的奇揚提酒上桌。

arrosto mistro

綜合烤肉

　　所謂的綜合烤肉，重點就是要既簡單又精彩。它並不是光烤一整隻雞或一塊牛肉，綜合烤肉的精神是，你把各式各樣當時可以取得的肉和野味拿來，在同一個烤盤上組合不同肉類，有點像是「任選三樣一百」那種混搭的意思！把不同的肉放在同一個烤盤裡蠻特別的，這麼做絕對會讓你朋友認為你廚藝高超！你想要只烤一種肉也可以（如果要這樣做，我把食譜分別寫在後面，你可以輕鬆照著做），但在特殊場合請務必試試各種肉一起烤。每一種肉都可以用和別種肉不太一樣的香草或是香料調味。當然，不同種類的肉烤的時間也不一樣，因此你必須在不同時間把它們放進烤箱，但最後整盤綜合烤肉的熟度要全部恰到好處。在義大利，他們烤肉的時候不太喜歡用肉質粉紅的鴨子或少見的野味；義大利人喜歡用很小的火慢慢把肉烤得很透──美味極了。

　　這保證會是眾人注目焦點的一道晚餐菜色。一大塊帶骨的烤肉向來有那麼些節慶的味道，更別說是好幾種不同肉類的帶骨肉。而且每個人可以以自己選擇他們愛吃的部分，想吃還可以再拿，這種用餐方式也很棒。剩下的肉可以做成肉醬千層麵（見140頁）。

烤兔肉食材	兔肉填餡
14片薄片義大利培根	2條義大利香腸或康伯藍香腸
1隻中等大小兔肉，剝皮	1把麵包屑
橄欖油	1/2顆柳橙，外皮削成碎屑
海鹽與現磨黑胡椒	1撮荳蔻粉
4根新鮮迷迭香	1條紅辣椒乾，捏碎
	1小束新鮮鼠尾草枝條，葉子摘下後切碎

　　將烤箱預熱至攝氏190度／華氏375度／瓦斯爐刻度5。把義大利培根片並排鋪在抹油的防油紙上，每片稍微重疊，然後放進冰箱。在兔肉上抹油，再抹上鹽和黑胡椒。製作填餡的部分，將香腸皮劃開，把肉拿出來，和麵包屑、柳橙皮、肉荳蔻、辣椒乾和鼠尾草混在一起。用少許黑胡椒調味，混和均勻，然後把填餡塞進兔肉肚子的開口裡。

　　把義大利培根片從冰箱中拿出來並且在上面覆蓋防油紙，培根朝下在兔肉腰部的位置繞上一圈。小心地把防油紙剝起來，讓培根留在兔肉上。用迷迭香的枝條壓著培根在兔肉上幾處綁緊，再用繩子綁緊兔肉肚子開口避免填餡漏出。接著把兔肉放在烤盤上放入預熱過的烤箱烤1小時。烤到　半時，加入額外的柳橙皮、幾片培根及你還有的香草枝條，然後把烤出來的肉汁澆在兔肉上後再回烤箱繼續烤。

烤鴨

2公斤／4又1/2磅鴨子1隻
橄欖油
海鹽與現磨黑胡椒
1根新鮮鼠尾草

1根肉桂棒
3或4瓣大蒜，不用剝皮切片
1/2顆柳橙

　　將烤箱預熱至攝氏190度／華氏375度／瓦斯爐刻度5。把鴨子抹上橄欖油，撒上鹽和黑胡椒，在鴨肚子裡塞進鼠尾草、肉桂棒、大蒜瓣和1/4顆柳橙。把鴨子放在烤盤裡，放進預熱的烤箱中烤2小時。烤到半熟的時候，把額外的大蒜瓣、1/4顆柳橙或香草加到烤盤裡，把烤出來的肉汁澆在鴨肉上，放回烤箱中繼續烤。

烤雞

1.8公斤／4磅放山雞1隻
橄欖油
海鹽與現磨黑胡椒

6片月桂葉
3瓣大蒜，不用剝皮切片
1顆檸檬，切半

　　將烤箱預熱至攝氏190度／華式375度／瓦斯爐刻度5。把雞抹上橄欖油，撒上鹽和黑胡椒，在雞肚子裡塞進月桂葉、大蒜和半顆檸檬。放進烤盤裡在預熱的烤箱中烤1個半小時。烤到半熟的時候，把額外的大蒜瓣、半顆檸檬或香草放進烤盤裡，把烤出來的肉汁澆在雞肉上，放回烤箱裡繼續烤。

烤鴿子肉與鵪鶉

310公克／11盎司鴿子2隻
180公克／6又1/2盎司鵪鶉4隻
橄欖油
海鹽與現磨黑胡椒
1束百里香

1球大蒜，不剝皮
6條柳橙皮
8條檸檬皮
8片新鮮鼠尾草葉
義大利培根或五花煙燻培根4片，每片大小2.5平方公分／1平方英吋

　　將烤箱預熱至攝氏190度／華式375度／瓦斯爐刻度5。把鴿子和鵪鶉抹上橄欖油，撒上鹽和黑胡椒，在肚子裡塞幾根百里香、大蒜瓣和幾條柳橙皮。把檸檬皮鋪在鵪鶉胸部上，每條檸檬皮上面蓋一片鼠尾草葉，每片葉子上放一片培根。用繩子把檸檬皮、鼠尾草和培根固定在鵪鶉上。把鵪鶉和鴿子放進預熱的烤箱裡，烤35分鐘。烤到半熟時，把額外的大蒜瓣、檸檬和柳橙皮、培根片和香草放進烤盤裡，把烤出來的肉汁澆在鴿子和鵪鶉肉上，放回烤箱裡繼續烤。

上菜
　　把你選用的肉或所有的綜合烤肉放在一個大餐盤裡，將烤盤裡所有的肉汁和大蒜都放進去。烤蔬菜最適合一起上桌當配菜。發給每個客人一把牛排刀、1張餐巾紙、1碗洗手的水，還有大量奇揚提酒！

兔肉之我見

　　如果你問英國人他們有沒有吃過兔肉，大多數人都會做驚嚇狀，連試一次都不願意。有趣的是，把兔肉放進菜單裡，最先賣完的就是牠。然而當兔肉出現在超市，許多人就這麼走過去，絕對不會買回家。我外婆吃兔肉吃了一輩子，尤其在戰後盛產兔肉，價格又便宜的那段時間，所以我媽媽也是吃兔肉長大的。她還記得看過兔肉吊在肉攤上，每隻都剝了皮——現在你通常不會看見這情景，真可惜。我希望能鼓勵你試著煮煮看兔肉，牠健康美味，吃起來蠻像雞肉的。

　　你可以買鮮嫩多汁的放養兔肉，或者味道更鮮美的野生兔肉。可以的話設法買野生兔肉。你買的兔肉大都會是整隻的，因此請肉販幫你把牠的腿和肩膀切下來，挖掉內臟，把脊椎切成四段。肚子裡一定有一對肝和腎，味道一樣棒得不得了。肉販應該很樂意幫你把兔肉剁開。如果你想自己剁，你不需要切得很漂亮，因為我在義大利吃過的烤兔肉是切成不規則狀的，也很美味。

coniglio marinato alla griglia

烤兔肉

二人份

我這份食譜是把兔肉放在烤肉架裡烤，因為炭火烤肉滋味無窮，但是放在溫度攝氏200度／華氏400度／瓦斯爐刻度6的烤箱裡，烤出來的效果也非常好。如果用烤箱烤，要把兔肉翻幾次面，這樣兔肉的熟度和顏色才會均勻。如果用的是烤肉架，你需要5根木籤或金屬籤（木籤在用之前要先泡水）。不管是放在烤肉架上或放在烤箱裡烤，烤的時間請參考圖片上的說明。

1.2公斤／2又1/2磅兔肉，建議使用野生兔肉，帶骨　　1顆檸檬的汁與磨成碎屑的皮
1把新鮮百里香與迷迭香，摘下葉子　　　　　　　　1茶匙蜂蜜
4瓣大蒜，剝皮　　　　　　　　　　　　　　　　4片厚片培根
橄欖油　　　　　　　　　　　　　　　　　　　　海鹽與現磨黑胡椒

把兔肉塊放進碗裡。用杵和研缽或果汁機把百里香和迷迭香的葉子搗爛或打碎，然後加入大蒜瓣再次搗或打碎。加入8湯匙橄欖油、檸檬皮和蜂蜜攪拌一番，然後把這醬料倒在兔肉上。把肉放在一旁備用，讓肉的溫度到達室溫，同時把烤肉架的火生起來（見207頁）。

現在我要說到烤兔肉的香味是怎麼來的了。把幾根新鮮百里香枝條綁在一起變成一根小刷子，每次把肉翻面時，就用百里香刷子沾點醬汁，最後兔肉上就會裹上一層美妙的香味。這烤兔肉的滋味會非常非常棒！

把醬料放在一旁，拿出兔肉塊，用鹽和黑胡椒調味。用3根木籤叉起2塊腹部的肉，中間夾1片培根（如圖）。把腿和肩頭肉放在烤肉架上，烤10分鐘之後再放上腹肉，再過10分鐘，放上脊椎肉和肋排肉。別忘了要不時翻面。要看著烤肉，控制溫度，持續把醬料抹在肉上。把兩片腎切開3/4，然後把它像翻書一樣地打開。把肝切成4塊，1塊戳進1根烤肉籤裡，接著戳進腎，然後再1塊肝。

等所有其他肉塊烤熟之後，把串好的肝和腎還有剩下的2片義大利培根放在烤肉架上烤至金黃色，幾分鐘以後，培根烤至焦黃，就把培根串在肉上，把肉移到烤肉架溫度較低的那頭。現在你可以請客人上桌了。

你可以用白豆子、烤馬鈴薯、烤蔬菜或不同的沙拉來搭配烤兔肉，這完全要看你個人的喜好還有天氣如何。放一大碗你選的配菜在桌了中央，把所有的兔肉放在砧板上端上桌。搭配一杯白酒，棒透了。簡單明瞭，美味無比。

腹部：25至30分鐘

腎和肝：4分鐘

脊椎肉和肋排肉：15至20分鐘

腿與肩頭肉：35至40分鐘

costolette di maiale con salvia

豬排鑲鼠尾草醬

四人份

　　豬排這道菜在義大利很常見。它的作法有許許多多種，但這道食譜是我的最愛。我弟一次看到有人做這道菜，是在佛羅倫斯的一家餐館裡，那是我頭一次到義大利旅行。做這道菜的年輕女孩拿著切片的刀往豬排側邊切進去，在豬排裡切出一個小口袋。這作法很聰明，你從外面看不出來有這麼個「香料袋」。你可以在這口袋裡抹少許豬油或奶油，還可以加些義式燻火腿的油，或搗碎的栗子或是胡桃（看哪種是當季產的）。少許新鮮鼠尾草葉是一定要加的，或許再放少許大蒜。我還一定會加一點點檸檬皮碎屑，因為它的味道和豬肉最搭。動手試著做做看這口袋裡塞香料的訣竅。

1公斤／2磅又3盎司口感粉狀的馬鈴薯，削皮後切丁
海鹽與現磨黑胡椒
厚片帶骨豬排4片
24片新鮮鼠尾草葉
4片義式燻火腿
55公克／2盎司奶油，切小丁

4顆杏子乾，剁碎
初榨橄欖油
厚片義大利培根或煙燻培根6片（盡量使用1公分／1/2英吋的厚片培根）或200公克義大利培根肥肉1袋

　　將烤箱預熱至攝氏220度／華氏425度／瓦斯爐刻度7。把馬鈴薯放進一鍋鹽水裡煮滾。煮3或4分鐘，不用煮到全熟，然後把馬鈴薯撈起來瀝乾。把豬排放在砧板上，用片刀橫切每片豬排的側面，切出一個隱藏的口袋。要注意刀尖在切到一半時就要停下來，你可不希望切到另一邊去。小心別切到手指頭了！

　　拿出8片最大片的鼠尾草葉。把另外8片葉子放進食物處理機裡，和剝皮切碎的大蒜、義式燻火腿、奶油、杏子乾和1撮鹽與黑胡椒一起打碎，這就變成很成功的調味奶油，可以平均分配塞進每片豬排的口袋裡。把剛才放著備用的8大片鼠尾草抹點油，把其中一面沾上麵粉。拿1片葉子分別按在每塊豬排的兩面上，沾了麵粉的那一面向下（因此每塊豬排上都有兩片葉子）。把豬排放在盤子裡，用保鮮膜蓋住，讓豬排的溫度到達室溫，同時準備馬鈴薯。

　　如果用的是厚片義式火腿，就把火腿切成火柴棒狀大小，和馬鈴薯、剩下的鼠尾草葉還有沒剝皮的大蒜瓣一起放進烤盤裡，滴入少許初榨橄欖油，把烤盤放進預熱的烤箱裡烤10分鐘，接著把平底鍋放在爐子上燒得很熱。加少許橄欖油，把調味的豬排放進鍋裡煎10分鐘，煎至兩面金黃酥脆，然後把馬鈴薯從烤箱裡拿出來，把豬排放在上面——這時候馬鈴薯應該已經烤熟了，表面是淺金黃色。把烤盤放回烤箱裡烤10到15分鐘，時間依豬排的厚度而定，然後把烤盤從烤箱裡拿出來，就可以端上桌了。

stracotto di fagiano

燉雉雞

在托斯卡尼和幾位獵場看守人去打獵時，我做了這道簡單的燉雉雞。這是一道非常基本的燉肉，特別加入了烤栗子增添醬汁美妙的滋味和濃稠度。如果你住的地方就像倫敦和紐約一樣，走在街頭會碰到賣烤栗子，請你買一袋回家。另一個選擇是真空包裝的烤栗子，但它的味道絕對比不上現烤的那麼好。至於建議的吃法，你可以把牠燉來吃，或者把肉從骨頭上撕下來和搭配義大利麵一起吃，例如縐折麵。如果把肉切碎一點，很適合煮在直管麵或粗圓麵裡（見121頁）。

3隻母雉雞，把腿和胸切開
海鹽與現磨黑胡椒
6顆杜松莓，壓碎
3湯匙中筋麵粉
橄欖油
1小顆紅洋蔥，剝皮後切塊
1顆紅蘿蔔，削皮後切塊

3根芹菜，切段
4瓣大蒜，剝皮後切碎
400毫升／14液態盎司紅酒
3片月桂葉
1根新鮮迷迭香
200公克／7盎司烤過、剝殼的栗子
2湯匙馬斯卡朋乳酪

將烤箱預熱至攝氏200度／華氏400度／瓦斯爐刻度6。用鹽、黑胡椒和壓碎的杜松莓抹遍整隻雉雞，然後撒上麵粉。在爐子上把一個可以放進所有食材的湯鍋燒熱，加些橄欖油進去。將雉雞煎至整塊呈金黃色，然後放進盤裡。

把煎雉雞的同一個鍋子放在爐子上，把火關小，加入切好的洋蔥、紅蘿蔔、芹菜和大蒜。用小火將蔬菜煮至軟而略焦。加入酒、月桂葉和迷迭香，再把雉雞塊和栗子一起放進鍋裡。開大火煮滾，用鍋蓋或雙層加厚的鋁箔紙把鍋子密封，放進烤箱裡烤約2小時。

用夾子把雉雞塊從鍋裡夾出來，把肉保溫。撈起燉湯表面的油，丟掉迷迭香和月桂葉，加入馬斯卡朋乳酪，用小火煮到汁稍微收掉一些。把肉放回鍋裡煮到肉熱透了，然後搭配玉米糕一起上桌。

schiacciata di manzo con aglio, rosmarino e funghi

微烤牛肉佐大蒜、迷迭香與雞油菇

可做四人份前菜，
二人份主餐

　　微烤牛肉片是類似生牛肉片的一道菜，只不過後者是生吃的，而這道菜是在烤箱裡稍微烤一下，讓牛肉變色而已。不用說，牛肉的肉質愈好，這道菜就愈好吃。所以請挑選有大理石花紋，肉質緊實的牛肉。它可以當作一道前菜或小菜，只要撒上不同的沙拉就行了。松露油可加可不加，不過它的味道很特別，是你沒吃過的新玩意兒，因此請試試看。這盤牛肉保證讓你驚豔，而且極為美味。

500公克／1磅又2盎司上等牛肉條，去筋腱，切成
1公分／1/2英吋寬的片狀
初榨橄欖油
依個人喜好加入：幾滴松露油
2根新鮮迷迭香，葉子摘下
1瓣大蒜，剝皮後切薄片
3把芝麻菜

1大把綜合沙拉葉，包括特雷威索紫菊苣沙拉用菊苣
1把非常結實的各種菇類，例如雞油菇、黃菇、野菇或橙蓋鵝膏（凱薩）菇
巴薩米克醋
海鹽與現磨黑胡椒
1塊帕馬森乾酪

　　好啦，先來做最重要的事情──把烤箱開到最高溫。這道菜的作法是把肉放在要端上桌的餐盤上去烤，因此最好用便宜的傳統金屬平盤或烤盤。用一般的餐盤也可以，如果你知道你的餐盤是耐熱的。把盤子抹上初榨橄欖油或松露油。接著處理肉的部分，把一片牛肉片放在30公分／12英吋大的塑膠袋內，用擀麵棍均勻敲打肉片，打成原來的4倍寬，1/4厚。

　　把肉片沿著邊緣鋪在托盤、大平盤或餐盤上，你可以讓肉片垂下一小塊在盤子外面。把迷迭香葉放進濾盆裡沖熱水，讓葉子釋放出油和香氣，接著放進小碗裡，倒入3或4湯匙初榨橄欖油，用手指揉搓葉子，使葉子散發更多香味。把大蒜拌入迷迭香油裡，然後把這大蒜迷迭香油均勻抹在牛肉上。牛肉到這個步驟為止可以在好幾小時之前就準備好，然後用保鮮膜包起來放在冰箱裡。

　　現在你只要拌點沙拉葉就大功告成了。撕幾葉芝麻菜和菊苣放在大碗裡。把菇盡可能切得很薄，也放進碗裡。

　　這道菜最好是在上桌前立刻做好。你只需要把牛肉放在預熱的烤箱裡烤1至3分鐘（依不同烤箱的溫度而定）。這時候你已經把沙拉葉用少許初榨橄欖油、巴薩米克醋、鹽和黑胡椒拌好，把那塊帕馬森乾酪和用來刨絲的快速削皮刀放在桌上，然後就可以從烤箱裡把牛肉拿出來，這時它的顏色應該已經變淡了。重點是不要把肉煮透，只要稍微加熱一下。把沙拉葉散放在牛肉上，立刻上桌。刨些帕馬森乾酪在牛肉上，配一杯上等的紅酒。除了美味還是美味，而且看起來很豪華！

spiedini di involtini di agnello e funghi

烤蘑菇與羊肉串

四人份

在義大利有許多種類的肉、魚、蔬菜做成的肉捲與填餡肉，串在金屬籤或迷迭香枝條上烤來吃。這當然是一道色香味俱全的美食，而且把這種烤肉串拿到烤箱裡或烤肉架上烤，不管怎樣都很讓人食指大動。但傳統上來說這類食物被當成貧窮人家的菜餚。他們會組合不同蔬菜和香草，把這些食材串在一起，讓它看起來就像是有錢人家的野禽烤肉串。農家在烤肉時會想辦法用蔬菜來撐場面，讓烤肉串看起來長一點，因為蔬菜比肉便宜得多。

這道菜的基本作法是，把一片肉（從羊腿肉或羊排上切下來的肉片，或者也可以用豬肉或雞肉）夾在2張保鮮膜裡，用表面平坦的重物把它捶扁。這樣肉不但會變得更薄更大片，吃起來也會更嫩。你可以請肉販幫你把肉切好捶成薄片，這道肉串做起來就輕鬆多了。跟他說你要做羊肉捲和羊肉串，你需要大約680公克／1又1/2磅的肉，切成12片，然後捶成大約0.5公分／1/4英吋的厚度（只要打通電話，就可以省下15分鐘在廚房敲打的時間！）接著你就可以把填餡放進肉裡、捲起來或摺起來，串在籤子上。我用的是月桂葉枝條來做烤肉串。以下我給你的食材組合非常樸實，用的是例如蘑菇、奧勒岡或馬鬱蘭等充滿山野氣息的植物，簡單又可口。如果你運氣好，買得到新鮮牛肝蕈，那就太好了。如果買不到，用結實的蘑菇也行。

橄欖油
680公克／1又1/2磅羊肉，捶成12片薄肉片
1瓣大蒜，剝皮
1大把新鮮奧勒岡或馬鬱蘭，葉子摘下

1顆檸檬的汁與磨成碎屑的皮
海鹽與現磨黑胡椒
4根迷迭香或月桂葉枝條，或4根木籤
8朵中等大小牛肝蕈或野菇，切半或切4等分

在乾淨的廚房檯面上抹少許橄欖油，把肉在上面一字排開 。用杵和研缽搗碎奧勒岡和馬鬱蘭。加入大蒜和鯷魚條搗成泥狀，再加入檸檬汁和2倍份量的橄欖油。把所有東西混和均勻後試試味道——檸檬味應該很重，但烤了以後味道會變淡。用鹽和黑胡椒調味，然後把做好的調味油均勻塗抹在肉片上，並且撒上少許檸檬皮。

將烤箱預熱至攝氏200度／華氏400度／瓦斯爐刻度6。把每片羊肉都捲起來，大約半根雪茄的大小，不過更厚些。如果你要用迷迭香或月桂葉，就把葉子摘除，露出你所需要的枝條長度，再把末端削尖。先串1塊菇，接著串一塊肉捲，交替串上，讓每根肉串上的羊肉和蘑菇都各有3份。把肉串放在烤盤裡，滴些橄欖油。在預熱的烤箱裡烤7分鐘，或在烤肉架上每面各烤約3分半鐘。上桌時滴幾滴橄欖油，可以當作各式烤肉菜色的其中一種，或搭配一盤美味的沙拉、幾片麵包和一片檸檬。

cosciotto d'agnello ripieno di olive, pane, pinoli e erbe aromatiche

橄欖、麵包、松子與香草鑲羊腿

六人份

烤整隻的羊腿對我來說依舊是最令人懷念的時光之一。想到我老爸在星期天切羊肉，腦海裡就浮現出千百張這樣的畫面。這道風味絕佳的烤羊腿用義大利最常吃的食物做成美味的填餡。能弄到材料上所列的全部香草當然最好，但如果你只有其中幾樣，也沒關係。

設法向你熟識的肉販買羊肉，或是到設有比較好的生肉販賣區的超市去買。告訴他們你要一隻漂亮的羊腿，最好是有機羊肉，用中空去骨法剔除臀骨和大腿骨。聽起來複雜，但這只不過是肉販的行話。意思是把羊腿上半部的骨頭挖出來，只剩下膝蓋骨，讓你可以把餡料塞進整塊肉裡去。至於蔬菜，蕪菁、耶路薩冷朝鮮薊、根芹菜、茴香與歐洲防風草都不錯。

1整球春蒜，掰開成瓣，剝皮
3大把各種新鮮香草（薄荷、荷蘭芹、奧勒岡、百里香），摘下葉子
6片義大利培根
3片鯷魚條
100公克／3又1/2盎司鄉村麵包，撕成2.5公分／1英吋大小（不要用包裝好的切片土司）
1大把松子

1把綠橄欖，去核
海鹽與現磨黑胡椒
2公斤／4又1/2磅羊腿1隻，如上述處理
1大把新鮮迷迭香
橄欖油
2公斤／4又1/2磅烤馬鈴薯，削皮後切半
1根月桂葉
1瓶紅酒

把幾瓣大蒜的皮剝掉，丟進食物處理機裡，一邊打一邊放入香草。加入義大利培根和鯷魚繼續打碎。把打勻的醬刮進碗裡，然後把麵包放進食物處理機中打成麵包屑，接著和松子、橄欖一起放進碗裡。加入鹽和胡椒，用手揉捏所有食材。如果它看起來太乾，就加幾滴開水。把填餡塞進羊腿的洞裡。你可以像這樣拿去烤，或者用繩子把羊腿綁起來，在繩子下面塞些迷迭香葉。把橄欖油拍在羊腿表面，用鹽和黑胡椒調味。

把馬鈴薯、剩下的大蒜和月桂葉，迷迭香和一些橄欖油、鹽和黑胡椒拌在一起，放進烤盤裡，羊腿放在烤盤中央。在義大利很少看到生的或粉紅色的烤肉，因此我們也要用他們的方式烤羊腿。用攝氏200度／華氏400度／瓦斯爐刻度6的溫度把羊腿烤約1個半小時。相信我——羊腿吃起來一定美味多汁！烤了半小時之後，義大利人的作法是，這時開始大約每15分鐘就把一些紅酒澆在羊腿和蔬菜上，持續到羊腿烤好為止。此時把蔬菜另外移到盤子裡保溫。

把烤好的羊腿放涼15分鐘。搭配簡單烹調的綠色蔬菜最可口了。義大利人比較喜歡把肉汁裡流出來的精華煮進烤盤中的蔬菜裡，而不是拿來製作肉汁沾醬。

sugo di cinghiale di mercatello
馬卡太羅野豬肉醬

六人份

　　這個小女孩非常興奮，因為她爸爸正在處理獵到的野豬。她知道在烹煮這隻動物之前，要先把牠清洗乾淨、剝皮、清除內臟，但讓我震驚的是所有在附近玩的小孩都對這景象習以為常。可以想像如果這是發生在英國，會是怎麼樣的情形？至於照片中那個小戲水盆的用途嘛……就不用我說了。

　　我知道野豬不是那麼容易買得到，除非你家附近有很好的肉販或市集，但鹿肉、豬肉、牛肉或羊肉用這種方式煮也同樣非常美味。用肩頸肉來煮最好吃。如果把肉切成2.5平方公分／1平方英吋塊狀，煮好的燉肉就可以搭配麵包或玉米糕，當成一鍋燉肉來吃。如果把肉切成1平方公分／1/2平方英吋的肉丁，煮好後可以和縐折麵拌在一起吃。如果把肉切得更小或絞碎，就很適合搭配寬扁麵。

1公斤／2磅又3盎司野豬或鹿肩頸肉，割掉肥肉和筋腱　　1瓶白酒
2大條紅蘿蔔，削皮　　　　　　　　　　　　　　　　4捲義大利培根或煙燻培根，切細條
2顆洋蔥，剝皮　　　　　　　　　　　　　　　　　　2-3小條辣椒乾，酌量加入
6根芹菜　　　　　　　　　　　　　　　　　　　　　橄欖油
1把新鮮鼠尾草葉，摘下葉子　　　　　　　　　　　　700公克番茄糊1瓶
1茶匙杜松莓　　　　　　　　　　　　　　　　　　　依個人喜好加入：1把現刨帕馬森乾酪
海鹽與現磨黑胡椒

　　先決定你要拿什麼搭配肉醬來吃，然後把肉切成適當的大小（見以上說明）。把肉放進碗裡。拿出一半份量的紅蘿蔔、洋蔥和芹菜切塊，放進肉裡。把鼠尾草和杜松莓一起搗爛，和肉與蔬菜拌在一起。用鹽、黑胡椒和白酒調味，再倒入少許水。將肉醃一整晚。

　　第二天，把義大利培根和辣椒仕放了點橄欖油的鍋裡，將培根煎全焦脆並略呈金黃色。把剩下的紅蘿蔔、洋蔥和芹菜切碎後放進鍋子裡，用中火煮10到15分鐘，將蔬菜煮軟。在這同時，將肉從醃醬裡拿出來，把蔬菜和醃肉的汁倒掉。開大火把肉放進鍋裡，煮到幾乎所有的汁都蒸發掉為止——收汁要花點時間，但會讓肉的味道更濃郁——然後加入剩下的白酒。攪拌後繼續煮至所有液體幾乎全部收乾，然後加入番茄糊和一點點水。用鹽和黑胡椒仔細調味，然後把火關小，用小火煮約一個半至兩個半小時（依你肉的大小而定），將肉煮至軟爛，如果肉醬太濃稠就加點水。上桌前再調整一下鹹淡。

　　如果要把肉醬放在麵裡，就依照義大利麵包裝上的說明在加鹽的滾水裡煮麵，煮好後瀝乾，留一些煮麵的水。用肉醬攪拌義大利麵，如果需要稀釋就加些煮麵水，然後撒上少許帕馬森乾酪。分裝在盤子裡，再多撒些帕馬森乾酪。

contorni

配菜

配菜

在義大利，依照他們菜單的分配方式，到了吃第二道主菜的時候，你盤子上出現的就是一塊魚或肉，上面滴少許醬汁或橄欖油。非常簡單又非常美味，但搭配contorno，也就是配菜，使主菜更增色不少。配菜類似前菜，可以單獨享用，例如用簡單方式煮好的葉菜、豆子或馬鈴薯。這一章的用意在於提供你幾樣搭配肉或魚的配菜靈感。一般來說，在義大利他們端上配菜時，你的餐桌上會有幾個小盤或小碗裝著的配菜，讓你自己取用。烹調蔬菜最重要的訣竅就是「簡單就好」。

義大利大約有百分之七十五的蔬菜水果都是來自於東南部的普格利亞行政區（在高跟鞋的「鞋跟」上）。這地方被視為義大利的花園，它的土地大多是平坦或略有起伏的鄉村，很容易種植作物。不過在義大利的山丘地帶，有些地方地勢也相當高，你還是常見得到他們在山坡上種植蔬菜，摘採後拿到當地販賣。

豆子在義大利是主要糧食，那裡的每個人都愛吃豆子！他們把新鮮的豆子連豆莢一起煮，要不了多少時間就熟了。我在256頁給了你一份義大利作法的豆子食譜，告訴你適用於各種豆子的最佳煮法，無論是新鮮的豆子還是乾豆子都行。義大利花豆和義大利白豆通常被做成乾燥的豆子在冬天食用，拿來加在湯裡或當成配菜，煮的時間比新鮮豆子久，但如果乾燥的方法正確，而且不是去年的豆子，那麼它們吃起來還是極為美味。

玉米糕是義大利的另一樣家常食物。它可以煮成濕軟的或乾硬的（見285頁），義大利人把它放在魚或肉旁邊當配菜，就像在英國我們用馬鈴薯當配菜是一樣的意思。如果你從沒吃過，請務必試試。

vignole
燉春季蔬菜

　　Vignole或Vignarola是這道為了慶祝春天來臨的美味燉菜的名稱。請你一定要試著做做看——最後你一定會一直煮來吃！如果沒有現成的雞湯，就用煮豆子、韭蔥和瑞士恭菜的水。你可以隨喜好把煮好的義式燻火腿留在燉菜裡，或在上桌前拿出來。這道菜和煮好、瀝乾的義大利麵拌在一起，絕對好吃。可以的話，你一定要用蘆筍煮煮看。

4顆小的或紫色的朝鮮薊　　　　　　　　　　　1小顆白洋蔥，剝皮後切碎
海鹽與現磨　胡椒　　　　　　　　　　　　　310毫升／11盎司雞高湯
340公克／12盎司去豆莢的新鮮蠶豆　　　　　340毫升／12盎司帶豆莢新鮮豌豆
6條嫩韭蔥，或1條普通韭蔥，摘去外層的葉子，切　　4片厚片義式燻火腿
成8公分／3英吋長，洗淨　　　　　　　　　　1小束新鮮薄荷，葉子摘下
初榨橄欖油　　　　　　　　　　　　　　　　1小束新鮮扁葉荷蘭芹，葉子摘下

　　將朝鮮薊放在一鍋加鹽的冷水裡，水滾後煮約10分鐘或煮軟為止（用刀子戳進中心就知道軟了沒有），瀝乾水分。放涼後把外層葉子剝掉，剝到剩下中間淡色的嫩葉，然後用湯匙把心挖出來，撕成4片。

　　再把鍋裡裝滿水，加點鹽煮滾。放入蠶豆燙1分鐘，用有洞的湯匙把豆子撈起來瀝乾。放入韭蔥燙3或4分鐘，將韭蔥燙軟，再來把菠菜和恭菜燙到縮起來就可以。

　　加熱一口裝得下所有食材的湯鍋，倒一些橄欖油。用很小的火將洋蔥煮10分鐘，煮到洋蔥變軟，加入雞湯和豌豆後煮滾。把義式燻火腿鋪在上面，用小火慢煮約10分鐘，煮到豌豆熟透變軟，此時義式燻火腿的味道都會跑到蔬菜裡。

　　把韭蔥撕成條狀，和略切成段的菠菜或恭菜、朝鮮薊和蠶豆一起加進豌豆裡攪拌。再把火開起來，用很小的火慢燉所有的蔬菜，大約10分鐘。

　　試試味道，用鹽和胡椒調味，然後在上桌前拌入切碎的香草植物和幾大滴橄欖油。

funghi al cartoccio al forno

袋烤野菇

四人份

　　這是一道煮起來超級快的食譜，而且當你打開袋子時，帶著泥土芬芳的野菇和香草植物散發出的撲鼻清香，會讓你覺得不枉費動手做了這道菇。真的很好吃。準備幾根繩子把香草植物綁成一束。PS 當你把這道菜當作全家人的晚餐時，你可以用1個大袋子，不需要用4個小袋子。

幾根新鮮月桂葉、鼠尾草、迷迭香和百里香
4片義式燻火腿
400公克／14盎司結實的野菇，刷乾淨後修掉一點蒂頭
海鹽與現磨　胡椒

初榨橄欖油
1顆蛋，建議使用有機雞蛋，約略打散
155毫升／5又1/2液態毫升苦艾酒或白酒

　　將烤箱預熱至攝氏200度／華氏400度／瓦斯爐刻度6，把烤盤放在烤箱中層。

　　我喜歡把香草綁成一束，一起放進袋子裡，讓野菇吃起來更香，因此用繩子把幾根月桂葉、鼠尾草、迷迭香和百里香綁成4小束。接下來做袋子，拿4大張大約40平方公分／15平方英吋的A3大小防油紙。在每張紙的一邊（中間稍微偏旁邊一些），放一片義式燻火腿，放面放一束香草植物，和一堆野菇。用鹽和黑胡椒調味，滴幾滴橄欖油。在紙的邊緣刷上蛋液，再把防油紙摺起來蓋住野菇，變成像信封的樣子。把邊緣摺進2、3次後捏緊，固定好，不過記得在摺最後一邊之前，在袋子裡倒入幾湯匙苦艾酒或白酒。

　　確認袋子摺好並密封後，就把袋子並排放在熱烤盤裡，在預熱的烤箱中烤15分鐘，直到袋子鼓起來為止。

　　把野菇連袋子一起端上桌，讓每個人自己把袋子打開，聞聞裡面所有美妙的香氣。記得別吃那束香草，那只是用來增加香氣。這道菇可以搭配肉或魚一起吃，或者單獨當成一道點心或前菜。

radicchio di Treviso marinato alla griglia con aglio e aceto balsamico

大蒜巴薩米克醋拌特雷威索紫菊苣

六人份

這是一道正宗義大利菜，你一定要試試。特雷威索紫菊苣是菊苣科裡的英國高級跑車奧斯頓馬丁。用它來做菜口感很好，尤其像這樣吃熱的更棒。你可以試著自己種，上網到http://www.seedsofitaly.com就能買到種子。

2顆特雷威索紫菊苣（或拌沙拉用的紫菊苣）
海鹽與現磨　胡椒
2瓣大蒜，剝皮後切碎
上等巴薩米克醋

初榨橄欖油
3根新鮮迷迭香，葉子摘下後切碎
1小把新鮮扁葉荷蘭芹，葉子摘下

將紫菊苣的葉子一片片摘下，洗淨後放著備用。在切碎的大蒜上加1大撮鹽，用刀背把蒜末壓成泥狀。把壓碎的大蒜放進餐碗裡，加幾湯匙義大利黑醋。倒入巴薩米克醋份量2倍的橄欖油，然後用鹽和黑胡椒調味。加入切碎的迷迭香。

預熱波浪狀烤盤，一次放入幾片紫菊苣葉，烤約10秒鐘，烤至葉子縮小、出現黑條紋。立刻把烤好的紫菊苣葉放進醬汁裡攪拌均勻，讓葉子上沾滿美妙的滋味。撕幾片荷蘭芹葉放在上面，即可立刻享用。

fagioli all'italiana

義大利風煮豆子

四人份

義大利人毫無疑問熱愛吃豆子，但我指的不是煮在番茄醬汁裡的各種罐裝豆子。不。在義大利他們把許多種豆子拿來煮成小盤的配菜，這些小菜反而是一頓大餐裡的主角。豆子確實讓大部分肉類菜餚增色不少。煮豆子的方式基本上都一樣，不管煮的是義大利白豆、利馬豆、義大利花豆或佐菲尼豆。唯一不同的是每種豆子煮的時間長短，這要看你用的是新鮮豆子（你可能要去農夫市集找找看）還是乾燥豆子。

新鮮的豆子大概要煮25分鐘到半小時，我比較喜歡用新鮮的豆子。不過有時候乾豆子也很讚。不過你必須把乾豆子在水裡泡一晚。這時候豆子會慢慢吸收水分，一直到又變成像新鮮豆子那樣為止。不管你用的是浸泡過的乾燥豆子或拿新鮮的豆子來煮，我在義大利看過最有效率的煮法如下。

500公克／1磅又2盎司乾燥豆子或1公斤／2磅又3盎司帶莢新鮮豆子（義大利白豆、利馬豆、義大利花豆或佐菲尼豆）
1顆馬鈴薯，削皮
2顆熟番茄，壓爛
1/2球大蒜

1束新鮮綜合香草，用繩子綁在一起（迷迭香、月桂葉、鼠尾草和百里香）
初榨橄欖油
香草醋
海鹽與現磨黑胡椒

如果用的是乾燥的豆子，先在乾淨的冷水裡浸泡一晚，煮之前瀝乾並沖洗乾淨。把乾的或新鮮的豆子放在一個大深鍋裡，用冷水蓋過豆子，但不要加鹽（鹽會讓豆子的外皮變老）。放進馬鈴薯和壓爛的番茄（這兩種蔬菜能軟化豆子的皮）、大蒜、綁成一束的香草和少許初榨橄欖油。開火把水煮滾。撈掉豆子水表面上的浮沫，用小火煮40分鐘，或煮至豆子變軟為止。如果煮的是新鮮豆子，25分鐘之後就檢查看看熟了沒。

把豆子瀝乾，留下約半杯煮豆子的水，把馬鈴薯、番茄、大蒜和香草拿起來丟掉。把留下的水澆在豆子上當作調味汁，再用大量初榨橄欖油和足夠的香草醋稀釋，讓豆子更有味道。用鹽和黑胡椒調味。煮好的豆子可以當成一小盤美味的配菜，或者加進義大利麵、燉肉或湯裡，愛怎麼吃就怎麼吃！

zucchini in padella

煎櫛瓜

這一道配菜拿來搭配白肉或魚、當作前菜的一道、塗在可士丁尼烤麵包上,或壓成泥狀和少許鮮奶油、帕馬森乾酪和筆管麵拌在一起都會非常好吃。放在一般煎蛋捲或義式煎蛋捲裡也很不錯。

3條中型結實的櫛瓜
初榨橄欖油
3瓣大蒜,剝皮後切薄片
1/2條新鮮紅辣椒,切片,或1小條紅辣椒乾,捏碎
1把新鮮馬鬱蘭或奧勒岡,葉子摘下,或1茶匙乾奧勒岡

海鹽與現磨黑胡椒
3片上等油漬鯷魚條
1/2顆檸檬的汁和刨成碎屑的皮
依個人喜好加入:1根新鮮薄荷,葉子摘下後切碎

首先,把櫛瓜頭尾切掉,再切成1公分╱1/2英吋薄片。如果櫛瓜比較粗,可以先切半。

在平底鍋裡倒幾大滴橄欖油,開中火。加入切片的大蒜和辣椒。30秒後,加入櫛瓜和香草,用少許鹽和黑胡椒調味。注意鍋子不要太熱──煎櫛瓜的火不能太大。把平底鍋裡的蔬菜攪拌均勻,蓋上鍋蓋,留些縫隙,這樣就能把水蒸氣保留在平底鍋裡。在接下來的10到12分鐘裡,每隔幾分鐘就把平底鍋搖晃一下或攪拌一下。在最後2分鐘,加入鯷魚和檸檬皮碎屑。鯷魚融化後,依個人口味仔細調好味道,擠入一把檸檬汁,平衡辣椒和鹽、黑胡椒的味道。立刻上桌──撒些切碎的薄荷,這真的美味極了。

zucca al forno
烤南瓜

　　多年來我見過許多南瓜的烹調方式，我得説這道食譜是我最喜歡的南瓜作法之一。即使它是道地的托斯卡尼式烤南瓜，這味道卻讓我想起我在一本舊食譜書裡偶然看到的英國酸甜醬南瓜食譜。用這種方式烤出來的南瓜，當作前菜的一道、放在湯裡、拌在義大利麵裡或是搭配肉類，都相當可口。其他適合拿來烤的南瓜種類是洋蔥南瓜（皮是深橘紅色的）還有橡實南瓜（皮是橘紅帶灰色，長得像橡實，比較不圓）。如果你不確定，可以請教你當地的蔬果販。

1大顆冬南瓜　　　　　　　　　　　　1大把新鮮鼠尾草葉
1條紅辣椒乾　　　　　　　　　　　　1根肉桂棒，掰成小片
海鹽與現磨黑胡椒　　　　　　　　　　橄欖油

　　將烤箱預熱至攝氏180度／華氏350度／瓦斯爐刻度4。將冬南瓜對切，把籽挖下來留著，再把南瓜帶皮切成片或塊狀。把紅辣椒乾和1大撮鹽用杵和研缽或用金屬碗和擀麵棍磨碎。加入所有鼠尾草葉、肉桂片和足以稀釋這些食材的橄欖油，用調好的油抹在南瓜塊上，讓南瓜沾滿調味油。

　　把冬南瓜放在烤盤裡，不要重疊，用少許鹽和黑胡椒調味。撒上南瓜籽，用鋁箔紙蓋緊後烤30分鐘，或烤至南瓜的皮變軟，然後把鋁箔紙拿掉再烤10分鐘，直到南瓜烤得金黃酥脆。把肉桂片拿掉，就可以大快朵頤了！

ricetta tipica per verdure verdi

義式炒蔬菜

四人份

　　這道菜可以當作前菜吃冷的，或者可以當作蔬菜配菜趁熱吃。它的好處就是你可以隨意搭配各種綠葉菜，例如幼包心菜葉和瑞士恭菜，甚至還可以用拌沙拉的葉菜，例如直立萵苣、幼萵苣或蘿蔓萵苣。你很容易買得到一大袋菠菜、芝麻菜和西洋菜，同時你還要加些黃色的芹菜葉和其他香草植物，例如羅勒、荷蘭芹、酸模和茴香頂端的葉子，增加這道菜的多樣性。大多數義大利人都有菜園，因此不管菜園大小，他們永遠有葉菜和其他蔬菜可吃。從這道食譜你可以發現，愈粗大的葉子要先燙，然後再把燙好的葉菜和沙拉葉、香草以及大蒜一起在平底鍋裡繼續煮至軟嫩。

6大把綜合葉菜、沙拉葉和香草（見以上說明）　　海鹽與現磨黑胡椒
橄欖油　　　　　　　　　　　　　　　　　　　1顆檸檬的汁
2瓣大蒜，剝皮後切片

　　將包心菜葉和恭菜放在一鍋加鹽的滾水裡煮幾分鐘，把菜煮軟，接著用濾盆瀝乾，放涼一會兒。在大平底鍋或類似砂鍋的容器裡，倒幾大滴橄欖油，放入大蒜切片。等大蒜稍稍變色，就把沙拉葉丟進去，再來是包心菜和恭菜。用中火煮約4至5分鐘，用湯匙或夾子把菜在鍋裡炒一炒，然後加入香草，繼續煮1分鐘。離火後酌量用鹽和黑胡椒仔細調味，再加入上等的初榨橄欖油和足夠的檸檬汁，讓這道菜吃起來更有味。

melanzane alla parmigiana

帕馬森乾酪烤茄子

這道北義大利食譜是烹調茄子的好方法。將茄子、帕馬森乾酪和番茄層層疊起,就能烤出一盤讓人一口接一口的蔬菜,很適合搭配各種烤肉,配烤魚也一樣好。我之所以非常喜歡這道食譜,原因之一是它把所有茄子拿去烤,而不是放在油裡煎,這樣茄子裡面會更滑嫩,不像用煎的那麼油。

3大條結實的茄子

橄欖油

1顆洋蔥,剝皮後切碎

1/2球春蒜(如果買得到)或1瓣普通大蒜,剝皮後切薄片

1尖茶匙乾奧勒岡

400公克上等李子番茄罐頭2罐,或1公斤／2磅又3盎司新鮮熟番茄

海鹽與現磨黑胡椒

少許酒醋

1大把新鮮羅勒

4大把現刨帕馬森乾酪

2把乾麵包屑

少許新鮮奧勒岡,葉子切碎

依個人喜好加入:150公克水牛莫札瑞拉乳酪1球

首先要做的是,切掉茄子頭上的莖,把茄子切成1公分／1/2英吋厚的片狀,放在一旁備用。不管你用的是波浪狀烤盤或烤肉架,都要把它加熱到高溫。同時在大鍋裡放2至3大滴橄欖油,開中火。加入洋蔥、大蒜和乾奧勒岡煮約10分鐘,煮至洋蔥變軟,大蒜稍微變色。如果用罐裝番茄,把番茄弄碎就好。如果用的是新鮮番茄(味道一定比較香甜可口),就在每顆番茄上劃一刀,放進一大鍋滾水裡煮40秒。用有洞的湯匙撈出番茄,在裝冷水的碗裡放30秒。剝掉番茄皮,小心擠出籽後把肉切碎。把新鮮番茄或罐裝番茄加入洋蔥、大蒜和奧勒岡裡翻炒一下,然後蓋上鍋蓋用小火煮15分鐘。

這時將茄子兩面烤至略帶焦黑條紋。你可能得分批烤,因為或許你的烤盤一次裝不下所有茄子。把烤好的茄子放在托盤裡,繼續烤下一批,將所有茄子都烤熟。番茄醬收汁,甜味出來之後,用鹽、黑胡椒和少許酒醋仔細調味後,加入羅勒。你可以就這樣直接把帶番茄塊的醬汁拿去烤,或者打成糊狀再用。

拿一個陶盤(大小為25x12-15公分／10x5-6英吋),在上面鋪少許番茄醬汁,然後撒一層薄薄的帕馬森乾酪,接著再放一層茄子。重複這樣的順序將所有食材用完,最上層放少許番茄醬汁,再撒上一大把帕馬森乾酪。我喜歡在麵包屑裡加一點切碎的新鮮奧勒岡,用橄欖油拌勻,撒在帕馬森乾酪上。有時候這道菜上放的是掰成塊的莫札瑞拉乳酪,也很好吃。把陶盤放進攝氏190度／華氏375度／瓦斯爐刻度5的烤箱裡,烤半小時,烤至金黃酥脆、冒出泡泡。最好馬上吃,但它也可以放涼後再上桌。你可以將茄子換成櫛瓜或茴香,用同樣方法來做,兩種都好吃。不過務必要用茄子煮煮看,你一定會愛上這道菜!

polenta
玉米糕

　　玉米糕是用磨碎的義大利玉米粉煮出來的，相當好吃。如果能夠，盡量買當季的玉米粉比較好，因為滋味更豐富。玉米粉有兩種，黃的和白的，兩種都很美味。白玉米粉產自威尼斯地區，味道比較淡，常拿來搭配魚肉。傳統上玉米粉是在義大利北方種植與收成，但全義大利都吃玉米粉。每個地區都有它自己獨特的玉米糕吃法。它的煮法和麥片粥差不多，可以加入奶油和帕馬森乾酪讓味道更濃郁。你可以吃「濕的」玉米糕，把它當作燉菜或濃稠醬汁的基底。你也可以吃硬的，搭配烤肉和燉肉。

　　如果要在家做玉米糕給朋友吃，你可不想在朋友已經來了的時候還忙得團團轉，因此你可以事先做好。等煮到適當的稠度時，倒進碗裡，滴些油，蓋上防油紙。把碗放進一鍋微滾的水裡用小火隔水加熱，就可以保持溫度。要吃時，只要把紙撕開就可以立刻端上桌。

硬玉米糕

255公克／9盎司當季義大利玉米粉　　　　　　　　約1.7公升／3品脫水

將大一鍋加鹽的水煮滾，慢慢將玉米粉用打蛋器拌進去。它一滾就會開始到處亂噴，所以要蓋上鍋蓋，蓋子微開，玉米漿才不會濺到你身上。煮滾之後把火關小。等它稍微變稠，就不會噴得那麼厲害。我還是菜鳥廚師的時候，經過煮玉米糕的鍋子時我都會快速通過，免得被噴到！盡量每4、5分鐘就攪拌一次，要伸到鍋子邊緣攪拌。玉米漿會漸漸變稠，但別擔心。煮40至45分鐘，你要的濃稠度是像鬆軟的馬鈴薯泥那樣。

用鹽和黑胡椒調味，然後在托盤或廚房檯子上抹少許橄欖油，把玉米漿放在上面。用鍋鏟或湯匙把它整型成2.5公分／1英吋厚——做這道手續時不需要擔心它的形狀不夠整齊，你不需要做到大小剛好。煮好的玉米糕會有一層像硬式玉米餅一樣薄薄的皮黏在鍋底，我覺得這是精華所在——是給廚師的小獎賞！把這層皮用鍋鏟鏟起來，撒點帕馬森乾酪和切碎的新鮮辣椒，滴些上等橄欖油，然後嚐嚐它有多麼美味！半小時之後玉米糕應該已經冷了，你可以把它切成方塊、切丁或切片，就看你想要用烤箱烤或用鍋子煎。

濕玉米糕

濕玉米糕的份量和硬玉米糕完全一樣。煮半小時之後，再加一點水，讓玉米漿變成像打發的鮮奶油一樣的濃稠度，或者比那更稀。它應該還是稠的，不過可以馬上從湯匙末端滑下來。煮好後將鍋子離火，加入100公克／3又1/2盎司奶油和130公克／4又1/2盎司現刨帕馬森乾酪。攪拌均勻後依個人口味仔細調味，這道濕玉米糕就可以上桌了。

dolci 甜點

oma

VIA VINCENZO BRUNACCI, 33
00146 ROMA TEL. 06/5565745

甜點

　　這一章很有意思。這陣子我通常不會去做甜點，除非是為了特殊場合，或在週末做給孩子吃。如果在平常的日子裡想吃甜點，我就會做些很簡單的。

　　我很訝異地發現，義大利人也不做甜點。他們會在好的店裡買，不管是在冰淇淋店或糕餅店，這些地方甜點的都是現做的。他們看不出幹嘛一定要把廚房弄得亂七八糟，為的只是做出很容易就能在當地店裡買到、而且做的又好吃的甜點。有的時候如果義大利人受邀到別人家裡吃晚餐，他們會帶甜點去，就像我們英國人會帶一瓶酒去作客。一般來說，義大利人不像法國人那麼迷戀甜點，但他們做出來的鄉村果仁蛋糕，或可口的冰淇淋和雪酪，卻是法國人難以望其項背。

　　這一章裡的食譜都很簡單，從黏牙的無花果搭配佩科里諾乳酪、最容易做的黑莓塔（超級簡單，適合夏天享用），到酸溜溜的檸檬雪酪都有。當然啦，還有經典的提拉米蘇。

uva fragola surgelata con cioccolato e grappa

冰凍福拉哥拉葡萄佐巧克力與格拉巴白蘭地

不用說，我朋友大衛‧羅福特斯先生（他是幫我的食譜書拍攝食物的攝影師）熱愛美食，要不然他也不會大半輩子都在拍攝食物的照片。在義大利拍攝這本書的照片時，他說我應該把我的葡萄凍起來──此言一出，我立刻就覺得他是個胡說八道的野蠻人。誰曉得我那些摘葡萄的朋友會說什麼。你幹嘛有了新鮮漂亮的葡萄，卻要拿去冷凍？

但是……我卻大錯特錯了。它是個很妙的主意！

大衛把冰凍葡萄拿到外面來給我們吃的那一天，天氣熱得不得了，讓人汗流浹背，我們正需要涼快一下。他本來想買些很甜的福拉哥拉葡萄，不過這種可口的葡萄卻很難在超市買到。品質好的麝香葡萄或任何你愛吃的其他種類葡萄凍起來也都很好。葡萄一旦結凍，裡面的果肉和果汁就統統會變成像冰棒一樣的雪酪，外皮還是很硬（而且會結美麗的霜）。

冰凍葡萄最棒的吃法就是在飯後搭配少許高級巧克力和一杯上好的格拉巴白蘭地。如果你像我一樣對這道甜點還有些許疑慮，那麼請嚐嚐看──它超級酷。幹得好，大衛！

sorbetto di pere
西洋梨雪酪

　　如果飯後你不想吃太膩的甜點，雪酪永遠是最好的選擇。它同時也可以放在兩道主菜中間，清一清口腔裡的味道。不管怎麼吃，雪酪的作法大同小異──水果搗成泥，與少許份量適當的糖漿混和後放進冷凍庫，就會變成亮晶晶的、挖出來是軟軟的雪酪。

　　這道用西洋梨和格拉巴白蘭地做成的雪酪食譜是很棒的組合，而且是我最喜歡的口味之一。因此試試看吧。上面隨意放些柔軟的美味水果，裝進碗裡端上桌，非常棒。用大量伏特加代替格拉巴酒，吃起來也很耐人尋味。還有，我不希望你們以為我瘋了才這麼說，但是用苦艾酒也不錯，不過現在其實大部分好的超市和賣瓶裝酒的店裡都有格拉巴白蘭地。納丁尼這牌子的格拉巴白蘭地尤其好。

　　這道食譜做出來足夠給6個人吃，每個人分到2球，但如果是要做4人份的，你也可以用同樣的份量，吃剩下的放進冷凍庫裡改天再吃。我建議你用很淺的陶盤或厚重的瓷盤，雪酪做好後可以先直接放進冷凍庫──這兩種材質的容器可以加快結凍的速度。盡量買熟透的西洋梨，就算是市場裡那些賣得很便宜梨子也沒關係。如果西洋梨已經非常非常熟，摸起來是軟的，你只要把皮削掉，梨子肉放進碗裡就行了，完全不需要煮。有一次在蒙特瓦爾基市附近的布拉喬利尼新城裡每週一次的市場上，有個叫皮波的水果販給了我一整籃免費的西洋梨，那時候我就是用這種方式做了雪酪。去跟他說聲嗨，他可能也會給你一盤梨子！

200公克／7盎司白砂糖
200公克／7液態盎司水
1公斤／2磅又3盎司軟西洋梨，剝皮去核後切成4等分

1顆檸檬的汁和刨成碎屑的皮
55毫升／2液態盎司格拉巴白蘭地，或依個人口味斟酌份量

　　首先將所有糖和水放進鍋裡，開火。煮滾後將火關小，用小火煮3分鐘。放進切成4等分的梨子，除非梨子相當軟，否則再煮5分鐘。離火後靜置5分鐘，然後加入檸檬汁（濾掉果肉）和皮。把鍋中所有東西倒進食物處理機裡打成泥狀，然後用粗孔的篩子把果泥壓進要裝雪酪的盤子裡。

　　加入格拉巴酒，攪拌均勻並嚐嚐看。酒的味道不應該太重，以致於蓋過梨子的味道，而是要淡淡的、和西洋梨搭配得宜。然而不同牌子的格拉巴其濃烈程度與味道都不一樣，因此請依個人喜好酌量加入（不過這也不是你把整瓶酒都倒進去的藉口，因為酒精太多雪酪會凍不起來）。把盤子放進冷凍庫裡，每半小時用叉子攪一攪，你會看到它的顏色逐漸變淡。幾小時之後雪酪就完成了。它的口感應該很棒，而且用湯匙可以舀得起來。搭配扇形千層酥或其他美味酥脆的餅乾都很好吃。PS 這道雪酪可以在冰庫裡放個幾天，之後就會形成顆粒狀結晶。

crostata di fichi

無花果塔

八人份

　　在我看來，這道棒透了的水果塔，是最能夠代表托斯卡尼風味的甜點之一。這食譜是利用熟無花果或核果類水果做點心的好法子，烤好後撒上肉桂粉，就能帶出水果的風味。

15顆無花果，洗淨
30公克／1盎司砂糖
2湯匙水
2根新鮮百里香，葉子摘下
1顆柳橙的皮磨成碎屑

酥皮麵團材料
125公克／4又1/2奶油
100公克／3又1/2盎司糖粉
1小撮鹽
255公克／9盎司中筋麵粉
依個人喜好加入：1條香草豆莢，縱切剖開後將籽刮下

1/2顆檸檬的皮，刨成碎屑
2大顆雞蛋，建議使用有機雞蛋
2湯匙冷牛奶或冷水

杏仁奶油餡材料
285公克／10盎司整顆去皮杏仁
55公克／2盎司中筋麵粉
255公克／9盎司砂糖
2大顆雞蛋，建議使用有機雞蛋，稍微打散
1條香草豆莢，縱切剖開後將籽刮下
1湯匙格拉巴白蘭地

　　首先你要把少許奶油抹在一個大小28公分／11英吋、底部可以分離的水果塔模上。先來做塔皮的麵團。把奶油、糖粉和鹽打發至乳白狀後，加入麵粉、香草籽、檸檬皮和蛋黃揉在一起。你可以從頭到尾都用手，或者放進食物處理機裡攪拌也行。等混和成粗大麵包屑狀後，再加入冷牛奶或水。將這混合物拍打揉搓成一球麵團，然後在表面撒少許麵粉。麵團不要揉過頭，否則它會變得太有彈性和嚼勁，完全達不到你想要的酥脆、呈層層薄片狀的口感。把麵團用保鮮膜包住，在冰箱裡至少放置1小時。從冰箱裡拿出來後把麵團擀開，鋪在水果塔的模子上。在冷凍庫裡放置1小時。烤箱預熱至攝氏180度／華氏350度／瓦斯爐刻度4，將塔皮烤約12分鐘，或烤至略呈金黃色後取出，把烤箱溫度調成攝氏170度／華氏325度／瓦斯爐刻度3。

　　內餡的作法是，把份量255公克／9盎司的整顆杏仁在食物處理機裡快速打碎，打成粉狀之後和麵粉一起放在碗裡。現在將糖和奶油打至蓬鬆、呈乳白狀後，和約略打散的蛋、香草籽與格拉巴白蘭地一起加入杏仁和麵粉裡，攪拌至完全混和均勻為止。在冰箱裡至少放置半小時，讓內餡變硬。把每顆無花果的蒂切掉，在頂用刀端劃十字，用拇指從底部往上推，讓無花果從劃十字的地方迸裂開。把冰過的杏仁奶油餡放進塔皮中，然後輕輕將開口朝上的無花果按進內餡裡。把糖放進水裡加熱，然後用這糖漿澆在無花果上。將剩下的杏仁約略切碎，和百里香葉、柳橙皮一起撒在上面。將無花果塔放進預熱的烤箱裡烤40分鐘，或烤至杏仁奶油餡外層變硬並呈金黃色，但裡面還是軟的。讓無花果塔冷卻30至40分鐘。搭配一匙馬斯卡朋乳酪或鮮奶油，非常美味。

bustrengo

波隆納玉米粉蘋果蛋糕

八人份

這是一塊口感超級濕軟的蛋糕，吃起來有點像法國的水果烤布丁，不過它多了麵包屑，用的是義大利玉米粉，因此就變得很像義大利版的英國奶油麵包布丁。義大利人會用晚餐後的木炭餘燼來烤這塊蛋糕。

1球奶油
100公克／3又1/2盎司義大利玉米粉
200公克／7盎司中筋麵粉，過篩
100公克／3又1/2盎司隔夜麵包屑
100公克／3又1/2盎司砂糖，另外準備少許撒在烤好的蛋糕上
500毫升／18液態盎司全脂牛奶
3大顆放山雞雞蛋，建議使用有機雞蛋，打散
100公克／3又1/2盎司液態蜂蜜

55毫升／2液態盎司橄欖油
100公克／3又1/2盎司無花果乾，切碎或撕開
100公克／3又1/2盎司紫葡萄乾或綠葡萄乾
500公克／1磅又2盎司脆硬蘋果，削皮、去核後切丁
1/2茶匙肉桂粉
2顆柳橙的皮磨成碎屑
2顆檸檬的皮磨成碎屑
1茶匙鹽

將烤箱預熱至攝氏180度／華氏350度／瓦斯爐刻度4，把奶油抹在28公分／11英吋、底部可以分離的淺蛋糕模上。在大碗裡混和玉米粉、麵粉、麵包屑和糖。在另一個碗裡混和牛奶、蛋、蜂蜜和橄欖油。把濕的食材加到乾的食材裡，務必攪拌均勻。加入無花果乾、葡萄乾、蘋果、肉桂粉、柳橙和檸檬皮碎屑以及鹽，再次攪拌。

把麵糊倒進蛋糕模裡烤約50分鐘。烤的過程中要注意看著，如果發現它的邊緣烤得太焦，可能就要用鋁箔紙蓋住。上桌前撒些砂糖在上面。請一定要趁熱吃——搭配一大湯匙鮮奶油和一杯聖托酒，太美了！

torta di riso

佛羅倫斯米塔

　　我非把這道食譜放在書裡不可,因為這甜點實在有夠好吃!而且你不常見到適合攜帶的野餐或旅行甜點。我第一次和這甜點相遇是在佛羅倫斯的餐廳裡,我看到有人在買,它比較小。那些米塔看起來太漂亮了,我自己也點了一些來吃。我本以為它看起來很像葡式蛋塔,結果卻發現它的內餡其實很類似英國的米布丁。這米塔很可口,但不只如此,它真正讓我瞭解到食物的世界有多麼小。香草和柳橙口味的內餡,搭配一杯上好的甜點酒,非常好入口。

　　通常這種塔上面會撒些糖粉,吃冷的或熱的都好,而且就像義大利大部分甜點一樣,配一杯咖啡會非常棒。做這道甜點時還要知道一件事,這種米布丁最好前一天就做,才能達到最好的效果。

　　PS 做這道塔的塔皮麵團時,試著用1/2顆柳橙的皮來代替檸檬皮。

酥皮麵糰1份(見295頁)

內餡食材
55公克/2盎司奶油
2條香草豆莢
325公克/11又1/2盎司義大利米

3湯匙砂糖
3顆柳橙的皮磨成碎屑
1酒杯白酒
1公升/1又3/4品脫全脂牛奶
2大顆放山雞雞蛋,建議使用有機雞蛋,打散
2湯匙糖粉

　　首先你要將少許奶油抹在28公分/11英吋、底部可以分離的水果塔模上。依照279頁的說明做出塔皮麵團,把塔皮放在模子裡,在冷凍庫裡放1小時。接著預熱烤箱至攝氏180度/華氏350度/瓦斯爐刻度4,將塔皮烤約12分鐘,或烤至略呈金黃色。把塔皮拿出來放在一旁備用,然後把烤箱溫度調低至攝氏200度/華氏400度/瓦斯爐刻度6。

　　用一個有鍋蓋、邊緣高而底部厚、大小適中的鍋子,開小火將奶油融化。將香草豆莢縱切成兩半,用刀子沿著每一半豆莢的內部刮下香草籽(你可以把豆莢丟進放砂糖的罐子裡,砂糖就成了美味的香草糖)。把香草籽加到奶油裡攪拌。用小火繼續煮1分鐘,接著加入米、糖和柳橙皮碎屑。調成中火,攪拌均勻後加入酒。繼續攪拌,直到酒幾乎完全蒸發為止。現在一點一點地加入牛奶。用微滾的小火將米煮約15分鐘,攪拌次數愈多愈好。你希望這米塔是硬到可以張口咬的,你還要把它放進烤箱裡繼續烤,但你也希望它很有水分。讓米布丁稍微冷卻後,和打散的蛋混合。把米倒進塔皮裡,撒上糖粉後烤約20分鐘,將塔皮烤至呈金黃色。配上鮮奶油,撒些檸檬皮,美味極了。

torta di more
黑莓塔

我在倫敦的尼爾街餐廳替安東尼歐‧卡路奇歐工作時，大概做了數千個這種黑莓塔。那時是替皇家歌劇院做這道甜點，看歌劇或芭蕾舞劇的人，就在舞台樓上的包廂裡吃一塊黑莓塔，這成了倫敦最時髦的野餐。有一次在休假去看天鵝湖時，我和其他人坐在便宜的座位上（嘴裡嚼著水果軟糖！），抬頭看到所有包廂裡的人都在吃我做的黑莓塔。倒也不是我嫉妒啦，只是我知道這黑莓塔有多麼好吃！這道甜點做起來相當簡單，如果你冷凍庫裡有幾個水果塔皮就更方便了。用任何一種軟的水果都能做，例如覆盆子、黑莓、草莓或藍莓，甚至是稍微煮過的鵝莓都行。這是一道不折不扣的美味甜點！

酥皮麵糰1份（見295頁）

內餡食材
1條香草豆莢
500公克／1磅又2盎司馬斯卡朋乳酪
100毫升／3又1/2液態盎司單份鮮奶油（譯註：為英國的鮮奶油種類，脂肪含量為18%）

3湯匙糖
3湯匙格拉巴白蘭地或聖托酒
310公克／11盎司黑莓（或其他水果，見以上說明）
2湯匙黑莓或覆盆子果醬
1小把新鮮薄荷嫩葉

　　首先你要將少許奶油抹在28公分／11英吋、底部可以分離的水果塔模上。塔皮麵團的作法請見279頁，做好後把水果塔皮放進冷凍庫裡冰凍1小時。預熱烤箱至攝氏180度／華氏350度／瓦斯爐刻度4，將塔皮烤約12分鐘，或烤至略呈金黃色。

　　內餡的作法是，將香草豆莢縱切成兩半，用刀子沿著每一半豆莢的內部刮下香草籽。將馬斯卡朋乳酪、鮮奶油、香草籽、糖和格拉巴白蘭地放進大碗裡，打至光滑。嚐嚐看，你口中的鮮奶油應該風味極為濃郁、蓬鬆、微甜，略帶一絲清香的格拉巴白蘭地的味道。如果買不到格拉巴白蘭地，你可以不要加，或者用聖托酒代替。

　　塔皮冷卻後，拿一支刮刀，將帶甜味的鮮奶油刮進塔皮裡。用鮮奶油塗滿整個塔皮，讓表面差不多是平的，再把黑莓放上去——輕輕地放在鮮奶油上，不需要擠進鮮奶油裡。如果你想加更多黑莓，沒問題，如果想用不同種類的莓子混和在一起，也可以這麼做。接下來，在小鍋裡用3或4湯匙水溶解2湯匙果醬。攪拌一下，讓它變成淡淡的糖漿，然後用乾淨的糕點刷子輕輕把果醬沾在水果上。

　　吃之前再撒上嫩薄荷葉。不管是把一整個黑莓塔端上桌或是分成小塊來吃都很好。搭配下午茶，棒透了。你可以立刻享用，或放在冰箱裡等要吃時再拿出來。

dolci │ 甜點　　303

semifreddo con cioccolato e riso

巧克力與米半凍鬆糕

八人份

　　我在做佛羅倫斯米塔（見300頁）的同一天，想出了這道食譜，它不由得讓我想到義大利人有多麼喜愛和看重米，不管是把米用在布丁裡也好，做成義大利飯也罷。如果你走在佛羅倫斯或其他義大利城市的街頭，你會看見許多很棒的冰淇淋店。店裡通常會有香草與米的冰淇淋，我覺得棒透了，因此我想要自己做做看。我把剩下的米布丁、義大利傳統的水果冰淇淋、巧克力碎片和開心果混合在一起。然後我把混合好的冰淇淋加進半凍鬆糕中（這個字的英文翻譯是「半結凍的」）──它吃起來像是比較不膩的冰淇淋。這道甜點最適合晚餐派對，因為你可以在幾天前先做好。

米布丁食材

30公克／1盎司奶油
1條香草豆莢
150公克／5又1/2盎司義大利米
55公克／2盎司糖
155毫升／5又1/2液態盎司白酒
710毫升／1又1/2品脫全脂牛奶

半凍鬆糕食材

55公克／2盎司砂糖
4大顆放山雞雞蛋，建議使用有機雞蛋，將蛋黃與蛋白分開
500毫升／18液態盎司高脂鮮奶油
1撮鹽
150公克／5又1/2盎司水果乾，切碎
100公克／3又1/2盎司上等黑巧克力（可可含量為70%），敲碎
100公克／3又1/2盎司開心果，去殼並約略切碎

　　首先把一個大陶盤（25-30公分／10-12英吋）或幾個小模子放進冷凍庫裡冰凍。然後拿個厚底的有蓋深鍋用小火融化奶油。將香草豆莢縱切成兩半，用刀子沿著每一半豆莢的內部刮下香草籽，放進奶油裡攪拌。繼續煮1分鐘後把米和糖放進鍋裡。調成中火，攪拌均勻後加入酒。繼續攪拌，直到酒幾乎完全蒸發為止。現在一點一點地加入牛奶。用微滾的小火將米煮約18-20分鐘，攪拌次數愈多愈好。離火後靜置一旁，直到完全冷卻為止。

　　你需要3個碗來做半凍鬆糕。在第一個碗裡把糖和蛋黃打至顏色變白、質感滑順。在第二個碗裡把鮮奶油打至軟性發泡，在第三個碗裡把蛋白和1撮鹽打至硬性發泡。

　　現在，把打好的鮮奶油和蛋白加入打好的糖與蛋黃那個碗裡。這時候也把其他食材加進來，因此輕輕地拌入水果乾、巧克力、開心果和冷卻的米布丁。動作要快，把米布丁鬆糕舀進預先冷凍的陶盤裡，用保鮮膜蓋好，放回冷凍庫，至少要放4小時才能把鬆糕凍硬。端上桌之前必須從冷凍庫裡拿出鬆糕，在冷藏室放一會兒，讓它變軟。它吃起來應該是軟到可以用湯匙舀起來。搭配新鮮的莓子最美味了。

fichi secchi

黏牙的義大利無花果

雖然這道食譜是放在甜點這一章裡，原本或許應該是要在晚餐後吃，但我其實是在早餐和午餐時吃。不管怎樣吃這道甜點都是一大樂事，因此我覺得你愛什麼時候吃就什麼時候吃！

夏天的托斯卡尼有許多綠色和紫色的無花果長在樹上，你真的可以當場就摘下來吃。這些無花果甜而多汁，你可以拿來做許多道不同的沙拉（搭配莫札瑞拉乳酪十分美味）還有布丁（尤其是冰淇淋更好），但我發現如果你要在晚餐後享用，搭配陳年乳酪塊最好不過（我不太喜歡用酸溜溜的水果來配乳酪，因此無花果是最好的選擇）。

有一天我摘了太多無花果，後來還剩了很多，因此那晚我把這些無花果掰成一半，放在小金屬架子上，塞進烤箱裡，把溫度調到最低（大約攝氏50度／華氏12度／瓦斯爐最小刻度），約2小時就烤好了，但你可以把烤箱關掉，讓無花果在裡面放一整晚。第二天早上這些無花果就變成最棒的水果軟糖！我在幾塊無花果上加少許蜂蜜和瑞科達乳酪，放在土司上吃——能這樣開始嶄新的一天，真是太棒了。你可以把黏牙無花果丟進燉菜或拌入義大利麵裡，但最好的吃法是就這麼吃，然後搭配一些上等的鹹味佩科里諾乳酪或類似的乳酪，還有一杯聖托酒。真是人生一大樂事！

PS 這種無花果很適合放在杏仁塔裡，搭配烤雞和其他烤野味也意外地好吃，還可以放在肉汁沾醬中，讓沾醬帶點美妙的香甜味。

fragole con limone e menta

草莓佐檸檬與薄荷

　　在冰凍過的碗裡放幾顆草莓。擠入檸檬汁，撒上
大量砂糖、一丁點檸檬皮和幾片摘下的新鮮薄荷葉。
倒入大量的波色科氣泡酒也相當美味。

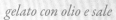

gelato con olio e sale

冰淇淋佐海鹽與橄欖油

許多年以前我吃這道甜點時驚訝不已，但它其實美味透頂！只有用你能買得到最高級的冰淇淋和最上等的橄欖油，這甜點才會成功。挖2球香草冰淇淋放在碗裡，澆上品質很好的初榨橄欖油，最好是有芳香青草味和花香味的油，然後撒一小小撮海鹽在上面。我無法解釋這滋味——你只能自己嚐嚐看！

torta di nada

娜達的蛋糕

娜達是我好友露卡在托斯卡尼經營的佩托羅莊園裡的靈魂人物。如果你夢想著去一處幽靜的地方度假,他們有3、4間整年出租的別墅。你訂房的時候可能會跟娜達説到話。她做的經典托斯卡尼葡萄蛋糕好吃得不得了,你看照片就知道。這是一塊用奶油和初榨橄欖油烤出來的美麗海綿蛋糕,用這兩種食材可以做出特別濕而鬆軟的蛋糕。放了黏稠的甜葡萄在裡面,它吃起來真是美味。

娜達在她蛋糕裡用的葡萄是托斯卡尼九月盛產的福拉哥拉小顆甜葡萄。不過這種葡萄在英國不容易取得,因此我把這食譜改了一下,用新鮮的藍莓,在初夏時節它最好吃。放入藍莓的蛋糕看起來和娜達的蛋糕差不多,味道也非常好。

撒在蛋糕模上的奶油與麵粉
4大顆放至室溫的雞蛋
270公克／9又1/2盎司糖
180公克／6又1/2盎司無鹽奶油,融化
115毫升／5又1/2液態盎司牛奶
1條香草豆莢,刮出籽,或1茶匙純香草精
400公克／14盎司未漂白中筋麵粉

1又1/2茶匙發粉
1大撮海鹽
2顆檸檬的皮磨成碎屑
2顆柳橙的皮磨成碎屑
600公克／1磅又6盎司新鮮藍莓,或小而甜的紅葡萄,例如麝香葡萄或福拉哥拉葡萄

將烤箱預熱至攝氏175度／華氏350度／瓦斯爐刻度4。將25公分／9又1/2英吋大小的蛋糕模抹上大量奶油,模子底部鋪防油紙,放在一旁備用。用手打或用裝有打蛋棒的電動攪拌器,將蛋和糖放在一起打3分鐘,直到蛋液變稠,呈淡黃色,接著加入奶油、初榨橄欖油、牛奶和香草籽。攪拌均勻,然後放入過篩的麵粉、發粉和鹽。加入檸檬和柳橙皮,用木湯匙徹底攪拌均勻。靜置10分鐘,讓麵粉吸收汁液。

在麵糊裡拌入約1/4份量的藍莓或葡萄,將麵糊舀入準備好的蛋糕模中,用刮刀把表面抹平。把蛋糕模放在預熱的烤箱中央烤15分鐘,取出後撒上剩下的藍莓。輕輕地將藍莓往下壓到蛋糕裡,然後放回烤箱再烤30至40分鐘,烤至表面呈深金黃色,蛋糕摸起來是硬的為止。讓蛋糕模在金屬架上放涼。10分鐘後用刀子沿著蛋糕模的邊緣切,把蛋糕取出來。

sorbetto di limone

特製檸檬雪酪

　　這是檸檬雪酪的食譜，但它不是你小時候吃的那種同樣名稱的硬糖果（外面是鮮黃色的，中間包著吃進去會嘶嘶作響的碎糖）。信不信由你，這種糖果的出現時間比真正的雪酪還晚很多。如你所知，冰品類甜點包括義式冰沙，它是用刨碎的冰塊做成。還有用糖漿為主要材料做成的雪酪，它口感滑順，吃起來像是沒有加鮮奶油的冰淇淋。而冰淇淋則是用奶蛋糊做成的冰凍甜點。此外就是雪酪，是把少許鮮奶油加在雪酪裡做出來的。加少量鮮奶油，就能產生在你舌頭上嘶嘶作響的效果，雪酪也就是這麼來的。雪酪是我最喜歡的甜點之一，你可以用數不清的方式做出不同口味，只要加入的水果稍微有點酸味就行。檸檬、萊姆、鳳梨和葡萄柚都是我愛用的水果。

　　我知道現在我們已經不把冰淇淋和其他冷凍甜點當回事，然而在冰淇淋和現在一樣受人歡迎的一百多年前，貧窮的工人整個冬天都必須搬運冰塊，把冰塊放進小冰屋裡，這樣夏天時才能將冰塊攪拌成冰淇淋和雪酪，存放起來。這必定要花費許多時間與金錢，當時的人必須仔細想想要做出什麼口味才好，因為他們不希望浪費任何一點冰塊。我猜冰塊在那個時候大概被看做是和今天的牡蠣與香檳一樣高級的東西。

200公克／7盎司糖　　　　　　　　　　　　1顆檸檬的皮磨成碎屑
200毫升／7液態盎司水　　　　　　　　　　1尖湯匙馬斯卡朋乳酪
200毫升／7液態盎司檸檬汁

　　預先將20-25公分／8-10英吋的淺容器放進冷凍庫（我用的是照片中的小鍋子），這樣放進去的雪酪才會很快地結凍。

　　把糖和水放進鍋子裡煮滾，然後把火關小，繼續微滾5分鐘。糖水煮至清澈而且變成糖漿狀時，就把鍋子離火，讓糖漿冷卻15分鐘，然後加入檸檬汁和檸檬皮。下一步，加入馬斯卡朋乳酪，攪拌至完全混和均勻。這時候你必須試試味道，這個步驟非常重要。關鍵在於你用的檸檬的酸度，因此我很難給你份量分毫不差的食譜──我只能說我建議的糖份量應該是剛好的。但是假如你試吃的時候，味道酸得讓你的臉皺成一團，你就知道應該多加些糖，直到能平衡檸檬汁的酸味為止。

　　把加了馬斯卡朋乳酪的檸檬汁倒進預先冷凍的容器裡，再放回冷凍庫。至少凍1小時再去察看。如果已經開始結凍，就用叉子攪拌一下。在接下來的3小時裡，大約每1小時攪拌一次，3小時之後就可以吃了。做好的雪酪可以在冷凍庫裡保存幾天，放得再久它表面就會結霜。無論何時把雪酪放在碗或玻璃杯裡吃，都是一大享受，不過把有如新鮮醬汁的打碎覆盆子倒在這道雪酪上，一樣是棒透了。

la torta della giovane sara

年輕莎拉的蛋糕

八人份

這道食譜是出自一位叫莎拉的美麗女孩，她在我們托斯卡尼的廚房裡幫忙（我們的攝影師愛上了她——因此這張照片才會拍得那麼美！）這甜點是她跟她母親學的，而且我可以老實告訴你，除非它真的很讚，否則我不會放進這本書裡。雖然她是個典型的二十出頭年輕人，但和許多英國小孩不一樣的是，她在做菜這件事情上被她母親訓練得很好。這是一道出色的甜點。

250公克／9盎司融化的奶油，另準備少許抹在蛋糕模上
500公克／11磅提波00號麵粉
4顆蛋，建議使用有機雞蛋
400公克／14盎司糖

1顆檸檬的汁和磨成碎屑的皮
7公克裝酵母1袋
100公克／3又1/2盎司松子

預熱烤箱至攝氏180度／華氏350度／瓦斯爐刻度4。將30公分／12英吋大、底部可以分離的蛋糕模抹上奶油，底層鋪一張圓形的防油紙。在防油紙上撒一點麵粉。在大碗裡打蛋，接著加入糖、剩下的麵粉、檸檬皮和檸檬汁、融化的奶油還有酵母，混和均勻後倒入蛋糕模裡。把松子撒在麵糊上，在預熱的烤箱裡烤40分鐘，或烤至蛋糕呈金黃色。

tiramisù veloce

簡易提拉米蘇

四人份

提拉米蘇的食譜有許多種，這道食譜裡有我最喜歡的變化作法，而且它和市售的手指餅乾搭配出來的效果相當好。試試看，你的成品會非常棒。「提拉米蘇」這個義大利文的意思是「帶我走」。

15條手指餅乾

285毫升／1/2品脫上等濃咖啡，現煮

4湯匙砂糖

500公克／1磅又2盎司馬斯卡朋乳酪

2條香草豆莢

140毫升／1/4品脫聖托酒或甜雪利酒

1顆柳橙的汁與磨成碎屑的皮

100公克／3又1/2盎司品質最好的黑巧克力（可可含量70%）

拿一個中等大小的深碗或盤子，直徑約20至25公分／8至10英吋，把手指餅乾緊靠在一起擺進去，往上層層堆疊。在咖啡裡加入2湯匙糖。把咖啡倒進手指餅乾裡，咖啡一定要完全蓋過餅乾最上層——你可以看得出咖啡被手指餅乾吸進去。在手指餅乾浸泡咖啡時，把馬斯卡朋乳酪放在碗裡，和剩下的糖打在一起。

縱切香草豆莢，把籽刮進放馬斯卡朋乳酪的碗裡，你可以把豆莢留下來做香草砂糖。把聖托酒或雪利酒澆在乳酪裡，然後繼續打發乳酪。你必須把乳酪打成蓬鬆光滑的濃稠度。如果還是太稠，你可以用少許柳橙汁稀釋，接著再把剩下的柳橙汁擠出來加進手指餅乾裡。把香草馬斯卡朋乳酪塗抹在手指餅乾上。你可以把巧克力全部磨碎，或者用刀子或削皮刀將巧克力削成薄片。撒上少許磨得很細的柳橙皮，把做好的提拉米蘇放進冰箱裡，要上桌時再拿出來。

macedonia di frutta all'amalfitana

阿馬非式水果沙拉

四人份

　　這道水果沙拉不禁令我想到義大利人做菜的精神，他們會利用平凡的生鮮食物，把一盤原本可能很老套乏味的水果沙拉，變得比較不一樣、比較有魅力。記得一定要買些大顆的柳橙，或者可以用葡萄柚試試看。你可以運用你的想像力做這道沙拉，依季節變化水果種類。我在義大利做這道沙拉時，野草莓很容易買到，因此我才用這種水果，你可以用普通的草莓代替。

　　說到甜點，在義大利的餐廳他們常讓你選擇要吃蛋糕、冰淇淋或水果。端上來的水果通常長得像露營時吃的——切成船型的鳳梨或瓜類等水果裡，水果片被推到一邊，差不多跟中式的水果盤一樣。我大概是第一個這麼說的人，那就是把雪酪放在切成一半的水果裡，這作法有點八零年代的味道，不過你知道嗎？炎炎夏日當你坐在家中，幾顆嬌豔欲滴的草莓和清香撲鼻的柳橙，配上少許酒和一丁點香草砂糖，把這些都放在切半的柳橙裡，會是一道非常特別的點心。

2顆大柳橙，對切，有葉子就把葉子留下來　　　　　　2茶匙香草砂糖或一般砂糖
400公克／14盎司／2大把野草莓或普通草莓，切成4等分　　2大湯匙格拉巴白蘭地或檸檬酒

　　把柳橙對切，小心地把每半個柳橙的底部切掉一小片，讓柳橙可以平放。用湯匙或挖葡萄柚的刀子小心地把柳橙肉挖出來，要讓柳橙的外貌維持原樣。把柳橙肉切丁，拿掉裡面的白色襯皮後和草莓一起放進碗裡。如果事先切好，就可以把水果放進冰箱，要吃時再拿出來。上桌前撒些香草砂糖（依水果的甜度酌量加入），倒少許酒讓味道濃烈些，我用的是格拉巴白蘭地或檸檬酒。把水果攪拌兩下，混和均勻，然後把果肉和果汁一起放回切半的柳橙裡。立刻上桌。

獻上最深的感謝！

非常感謝協助我完成本書的
每一位可愛的人們。

謝謝我美麗的妻子珠兒，還有我兩個美麗的女兒，佩佩和黛西，她們一直都是我靈感的泉源。我愛你們。感謝我的父母三十年前在南端碼頭（Southend Pier）的盡頭懷了我。

為了想讓本書內容盡可能豐富，我的寫作時間早已超過正常的、可以被允許的截稿日範圍，我相信企鵝出版社的每個工作人員都被我給逼瘋了，因此謝謝你們的配合。將最深的愛與敬意獻給約翰・漢彌敦（John Hamilton）、湯姆・威爾登（Tom Weldon）、安妮・李（Annie Lee）、凱司・泰勒（Keith Taylor）、克里斯・卡拉德（Chris Callard）、蘇菲・海威特（Sohpie Hewat）、蒂娜・韋斯提（Tiina Wastie）、蘇菲・布魯爾（Sophie Brewer）、亞歷斯・克拉克（Alex Clarke）、潔西卡・傑弗瑞（Jessica Jefferys）、羅伯・威廉斯（Rob Williams）、透拉・歐德鮑雷特（Tora Orde-Powlett）、娜歐蜜・費德勒（Naomi Fidler）以及行銷團隊的每一位，克萊兒・波洛克（Clare Pollock）、珍・歐波庫（Jane Opoku）、瑪麗亞德蕾莎・波佛（Mariateresa Boffo）（感謝你的翻譯！）、貞・朵依（Jen Doyle）以及莎拉・修伯特（Sarah Hulbert），你們都很優秀。十年前誰想得到我們會出第六本書？

向我自己的工作團隊獻上大大的擁抱和親吻，能和你們每天一起工作，我感到很快樂，也十分榮幸。你們以無比的熱情與高標準，為了我的每一份工作計畫拼命努力——迷人的琳德希・依凡斯（Lindsey Evans）、迷人的金妮・羅菲（Ginny Rolfe）、最有潔癖、最刻薄無情的彼得・貝格（Peter Begg），還有安娜、瓊斯（Anna Jones）、鮑比・湯姆生（Bobby Thomson）、丹尼・麥卡賓（Danny McCubbin）、路易斯・賀蘭（Louise Holland）、克萊麗・史基納（Clary Skinner）、保羅・盧瑟佛（Paul

Rutherford）以及蘇珊娜・德強（Suzanna de Jong）謝謝你們，是你們協助我在非常有限的時間之內把這本書做出來（我一定還忘了一些人……因此我要感謝你們每一位！）也要謝謝三位「老大」——佛斯提（Frosty）、塔拉（Tara）和泰莎（Tessa）。

我要感謝大衛・羅福特斯（David Loftus），並向他致敬——我認為這本書是你目前為止最棒的攝影作品。也謝謝克里斯・泰瑞（Chris Terry）另外照的一些很棒的照片。謝謝！你們所有的努力都很值得！

感謝我的好友傑卡・麥維卡（Jekka McVicar），他替我整理我花園裡和露營車上的香草植物，各位應該到他的網站上去訂購種子或植物：www.jekkasherbfarm.com。感謝米克・皮特（Mick Peart），他獨自一人做出我露營車後面拉著的拖車廚房，而且他的公司加樂比海廚具（www.caribbeancookers.com）。是世界上最棒的烤肉架製造商。我也要謝謝英國意曼多咖啡（Illy Coffee）的馬可（Marco）。15餐廳從開張的第一天以來，都獲得他的支持，現在他要開始從義大利進口很好的蔬菜種子，透過郵購在網路上賣——www.seedsofitaly.com。也謝謝倫敦的古董店「拉可兒的箱子」（Lacquer Chest）的葛瑞倩・安德森（Gretchen Andersen）、依文（Ewan）和安涅（Agnes），以及安娜・布朗（Anna Brown）負責其餘的翻譯工作。

感謝幫忙維修我那台1956年份Volkswagen雙擋風玻璃露營車的主要幾位工作人員，路克（Luke）、彼得（Peter）、保羅（Paul）和卡爾（Carl），這台車效能還不錯，但的確也拋錨了幾次。沒有你們，我無法寫出這本書的大部分內容，因為我永遠到不了目的地！而且把一台變速器裝在行李箱裡飛到義大利來，還真是服務周到！謝謝呂克

（Luc）和馬克（Mark），以及特福鍋具（Tefal）的工作團隊，感謝你們在我需要的時候，把很好的鍋子大老遠寄到義大利來。

感謝我的好友——花枝招展的安迪·史萊德（Andy Slade），沒有你我的人生將若有所失，你這胡言亂語的笨傢伙！謝謝你三更半夜給我又臭又長的酒醉留言，提醒我在旅途中我有多想念家鄉的朋友。

我也要感謝我的後製工作人員，他們協助我在種種特殊又怪異的情況下，大力協助我發現並捕捉義大利未被揭露的、令人訝異的一面——安德魯·寇納德（Andrew Conard）、羅伯特·索凱爾（Robert Thirkell）、海倫·辛普森（Helen Simpson）、紀·吉伯特（Guy Gilbert）、凱蒂·芙萊兒（Katy Fryer）、維多利亞·班耐特（Victoria Bennetts）、班乃迪克·波瑟羅（Benedict Protheroe）、卡拉·迪妮可拉（Carla de Nicola）、莎拉·緹德斯麗（Sarah Tildesley）、托比·羅夫（Toby Ralph）、李察·曼斯（Richard Munns）、崔西·葛瑞特（Tracy Garrett）、凡尼雅·巴威爾（Vanya Barwell）、湯姆·達賽爾（Tom Dalzell）、帕歐羅·錢達（Paolo Chianta）、關達琳娜·吉蘿妮（Guendalina Ghironi）、艾瑪·卡克許（Emma Cockshutt）、約翰·德瓦爾（John Dewar）、莎賓娜·李卡塔（Sabrina Licata）、桑薩恩·傑克森（Sunshine Jackson）以及派帝·李納斯（Paddy Lynas）。

最後但也是壓軸的，感謝所有我在義大利之旅遇到的那些不可思議的人們，人數眾多我無法一一致謝。獻上最誠摯的愛，感謝你們如此親切。

index
附錄
中英中義名詞對照

二十四劃

蠶豆　broad beans
鹽醃牛肉　salt beef
鷹嘴豆　chickpea

●國家圖書館出版品預行編目資料

來吃義大利－傑米奧利佛的美食出走／傑米‧奧利佛
（Jamie Oliver）著；何修瑜譯. -- 初版. --
臺北市：三朵文化, 2010.04
面： 公分. --（跟著感覺去旅行：17）
譯自：Jamie's Italy

1. 飲食風俗 2.義大利
538.7845   99005001

suncolor
三朵出版集團

跟著感覺去旅行 **17**

來吃義大利 傑米奧利佛的美食出走

作者	傑米‧奧利佛（Jamie Oliver）
譯者	何修瑜
責任編輯	顏司奇
封面設計	藍秀婷
內文排版	郭麗瑜 藍秀婷
發行人	張輝明
總編輯	曾雅青
發行所	三朵文化出版事業有限公司
地址	台北市內湖區瑞光路513巷33號8樓
傳訊	TEL:8797-1234　FAX:8797-1688
網址	www.suncolor.com.tw
郵政劃撥	帳號：14319060
	戶名：三朵文化出版事業有限公司
本版發行	2010年04月29日
定價	NT$380

Jamie's Italy
Copyright © Jamie Oliver, 2005
First published by Michael Joseph 2005
Published in Penguin Books 2007
Reissued in Penguin Books 2010

Complex Chinese eidition © 2010 SUN COLOR CULTURE PUBLISHING CO., LTD.
This edition published by arrangement with Penguin UK through Andrew Nurnberg Associates International Limited.
Photographs copyright © David Loftus, 2005 Additional photographs by Chris Terry and Peter Begg, copyright © 2005 All rights reserved.

jamieoliver.com